Xuefen Yinhanglun

学分银行论

杨国富 张瑞 高婷婷 李杰 著

西南财经大学出版社
Southwestern University of Finance & Economics Press
中国·成都

图书在版编目(CIP)数据

学分银行论/杨国富等著.—成都:西南财经大学出版社,2016.8
ISBN 978-7-5504-2579-8

Ⅰ.①学… Ⅱ.①杨… Ⅲ.①高等学校—学分制—研究—中国
Ⅳ.①G642.471

中国版本图书馆 CIP 数据核字(2016)第 187882 号

学分银行论
XUEFEN YINHANGLUN
杨国富　张瑞　高婷婷　李杰　著

责任编辑	王利
封面设计	张姗姗
责任印制	封俊川
出版发行	西南财经大学出版社(四川省成都市光华村街 55 号)
网　　址	http://www.bookcj.com
电子邮件	bookcj@foxmail.com
邮政编码	610074
电　　话	028-87353785　87352368
照　　排	四川胜翔数码印务设计有限公司
印　　刷	郫县犀浦印刷厂
成品尺寸	155mm×230mm
印　　张	15
字　　数	145 千字
版　　次	2016 年 8 月第 1 版
印　　次	2016 年 8 月第 1 次印刷
印　　数	1—2000 册
书　　号	ISBN 978-7-5504-2579-8
定　　价	48.00 元

前　言

学分银行教育管理制度的建立是当今社会生产力发展的必然要求，是人力资本投资的有效管理方式，是国家中长期教育改革和发展规划纲要（2010—2020 年）的题中之义，关系着国家、民族的振兴与发展。这一在终身教育理念下诞生的教育管理制度，由于我国还处于向先进国家学习、借鉴，并在实践中探索的阶段，理论体系有待进一步完善。西南财经大学继续（网络）教育学院承担了学校成人函授教育、网络教育、自考助学及干部培训等工作，长期致力于各类教育形式的融合。2008 年，学院开始对继续教育进行学分制改革与实践的探索。2013 年，学院承担了四川省教育厅“四川省继续教育学分银行建设模式探索”课题，在课题负责人李杰副院长的主持下，结合我院的学分制改革与实践情况，对国内外学分银行教育管理制度进行了分析、总结与研究。在此，我们试图运用马克思历史唯物主义和辩证唯物主义及其劳动经济学的价值理论、舒尔茨的人力资本理论等观点与方法，对学分的产生与本质、学分标准的性质、学分互认与转换的原理、学分银行的先进性、学分银行的建立机制、中国特色学分银行的内容等观点展开论述。

第三代心理学即人本主义心理学。其开创者、美国著名社会心理学家亚伯拉罕·马斯洛在1943年提出：人都有生存与发展的需求。而生存的需求是客观的、绝对的，是人的基本需求。作为一名普通教育工作者，笔者自1984年从四川师范大学数学系毕业以来，就一直从事教育管理工作，奉“仰不愧于天，俯不怍于人”为人生圭臬，勤恳、敬业，常反思自己的工作是否合理、科学，为什么要这样做，不明之处总想寻找答案，姑且也算坚持终身学习理念。就自身而言，除老师要求完成的作业外，平生并无写作之妄想，所以考大学、选专业时避重就轻报读数学（其实不然，学数学也苦）。因无科研、教学压力，自得其乐也混了大半生。然而，社会在发展，时代在前进，不明之处也越来越多，与年轻有为的硕士、博士、老师等同事们讨论获益很多，相邀将这些学习体会写下来，全当抛砖。

之所以叫“学分银行论”，其原因有二，一是有“秀”以扯眼球的用意，期望抛出这块认识浅薄的“砖”，目的在于“引玉”，能够吸引住仁者、智者们的眼球，以便引出客观真理的“玉”，求索到满意的答案。二是所写内容是对“学分银行”理论的学习体会。作为对“学分银行”的一种认识或者观点，只是一家之言，虽然有沾马克思《资本论》、亚当·斯密《国富论》等宏论之光的嫌疑，事实上也努力地试图理解和自觉运用他们的观点。这权当是现实社会流行“秀”的炒作手法，如果这样能“秀”出这些宏论的万分之一二，那将无功劳也有苦劳。但取其“论”的实际本意，确实是街谈巷议的议论，是光华村里的议论而已，无足轻重。如经社会实践检验，确系浅薄、谬误之议论，去之则已，重要的是寻求合理的答案。

结合自身工作的一点思考、体会，能够成书，首先要感谢各位领导的关心，特别是出版社各位领导的关心和各位同事、朋友的支持。

为弥补自身写作水平有限的短板，笔者邀请张瑞、高婷婷、李杰三位同事参与部分章节的写作，使本书增色不少，感谢他们的支持。同时也深感自己学习、认知以及写作水平有限，不当之处在所难免，望多多包涵，并请批评指正。谢谢！

杨国富

2016 年 7 月于成都光华村

目　录

第一章　理论基础与方法及观点

辩证唯物主义（Dialectical Materialism）和历史唯物主义（Historical Materialism）是马克思主义哲学的两大组成部分，它们既是人类看待世界的最根本的、科学的世界观，又是人类认识、改造世界的一般方法论。它们是关于自然界存在、运动和人类社会发展一般规律的科学，也是人类社会认识和改造世界的最一般的、基本的方法。因此，无论我们是对自然界进行考察、研究与认识，还是对人类社会历史发展进行考察、研究与认识，都不可能超越人类看待世界的最根本的、科学的世界观；无论我们是对自然物质世界的实践与指导，还是对人类社会历史的实践与指导，都脱离不了人类认识和改造世界的最一般的、基本的方法论。对“学分银行”这种教育管理制度的考察、研究、认识以及实践也不例外，必须坚持马克思主义辩证唯物观和历史唯物观，并且自觉地运用其考察、研究、认识事物的基本方法。所以，在对“学分银行”这种教育管理制度的考察、研究、认识的过程中，我们将坚持以马克思主义的辩证唯物观和历史唯物观作为理论基础，并自觉地运用其考察、研究、认识事物的方法作为我们进行研究的基本方法。

第一节　理论基础与方法

（一）历史唯物主义

历史唯物主义是关于人类社会发展普遍规律的科学，是无产阶级的历史观。历史唯物主义认为，历史的所有事件发生的根本原因是物质的丰富程度，社会历史的发展有其自身固有的客观规律。它认为：物质生活的生产方式决定社会生活、政治生活和精神生活的一般过程；社会存在决定社会意识，社会意识又反作用于社会存在；生产力和生产关系之间的矛盾、经济基础与上层建筑之间的矛盾，是推动一切社会发展的基本矛盾；在阶级社会中，社会基本矛盾表现为阶级斗争，阶级斗争是阶级社会发展的直接动力；阶级斗争的最高形式是进行社会革命，夺取国家政权；社会发展的历史是人民群众实践活动的历史，人民群众是历史的创造者，但人民群众创造历史的活动和作用总是受到一定历史阶段的经济、政治和思想文化条件的制约。历史唯物主义观察社会历史的方法与以前一切历史理论都不同。它承认历史的主体是人，历史不过是追求着自己目的的人的活动而已。但历史唯物主义所说的人不是处在某种幻想的与世隔绝和离群索居状态的抽象的人，而是处于可以通过经验观察到的发展过程中的现实的活生生的人。历史唯物主义认为，现实的人无非是一定社会关系的人格化，他们所有的性质和活动始终取决于自己所处的物质生活条件。只有从那些使人们成为现在这种样子的周围物质生活条件去考察人及其活动，才能站在现实历史的基础上描绘出人类发展的真实过程。

历史唯物主义考察问题的方法明确规定，它的研究对象是社会发展的一般规律。与以社会生活某一局部领域、某一个别方面为对象的各门具体社会科学不同，它着眼于从总体上、全局上研究社会的一般的结构和一般的发展规律。它的任务就是为各门具体的社会科学提供历史观和方法论的理论基础。[①] 为此，我们将始终坚持唯物史观的理论基础与研究方法。

（二）辩证唯物主义

辩证唯物主义是马克思主义的一种哲学理论，它是把唯物主义和辩证法有机地统一起来的科学世界观，产生于 19 世纪 40 年代。它是唯物主义的高级形式。辩证唯物主义认为世界在本质上是物质的。恩格斯说："世界的真正的统一性在于它的物质性。"[②] 物质是第一性的，意识是第二性的，意识是高度发展的物质——人脑的机能，是客观物质世界在人脑中的反映。辩证唯物主义认为物质世界是按照它本身所固有的规律运动、变化和发

---

① 王孝哲. 历史唯物主义新论［M］. 合肥：合肥工业大学出版社，2011.

② 恩格斯. 反杜林论［M］//马克思恩格斯选集：第 3 卷. 北京：人民出版社，1995：83.

展的，“事物都是一分为二的”。它揭示了事物发展的根本原因在于事物内部的矛盾性。事物矛盾双方又统一又斗争，促使事物不断地由低级向高级发展。因此，事物的矛盾规律即对立统一的规律，是物质世界运动、变化和发展的最根本的规律。

第二节　基本理论观点

（一）历史唯物主义的基本观点

马克思主义唯物史观经专家学者梳理，有如下基本观点是我们应该遵循的客观规律：

第一，生产是一切社会进步的尺度，社会生产力的发展水平，决定人类社会的进程。

第二，与特定生产力发展相适应的生产关系，构成特定的社会形态和经济结构的现实基础，它规定着社会形态的主要特征。

第三，特定的社会形态是特定的经济基础和特定的上层建筑的统一，经济基础的性质决定上层建筑的变更。上层建筑又积极服务和反作用于经济基础。

第四，一切社会制度、社会形态都是人类社会从低级到高级的无穷的发展过程中的一些暂时阶段，没有永恒的社会制度和形态，社会制度的变化是社会基本矛盾发展的结果。社会关系要在一定的物质条件下从旧的社会基础中成熟，在它们所容纳的全部生产力发挥出来之前，旧的社会形态是不会灭亡的。

第五，现实存在的具体社会形态都是复杂的，人类社会发展的每一个阶段都既有占支配地位的社会形态，又存在着其他社会形态的残余和萌芽。

第六，人类社会的一般总规律是从原始社会到奴隶社会、封建社会、资本主义社会再到社会主义社会和共产主义社会。这是一个自然的历史发展过程。社会生产力是推动社会历史前进的根本动力。

第七，人类社会历史是不以人们的主观意志为转移的客观发展过程，具有一定的规律性。人们研究历史，探索社会规律，必须要从客观存在的历史事实出发，详细地占有材料，分析各种发展形态，揭示其内在联系，得出相应的结果。

第八，人类社会及其构成成分均以总体的体系方式存在，要从研究对象的整体出发，从研究对象内部的相互作用与矛盾以及研究对象与外部环境的相互作用中进行研究。

第九，在客观的历史过程中，一切社会历史因素都是相互作用的。

第十，人类社会是有规律运动的，由低级向高级发展的，它显现为历史发展过程，构成历史过程的各种社会现象也是运动与发展的。我们要用发展的眼光看待历史上的一切，用辩证法的观点去把握对象的本质联系与内部矛盾，又要把研究的对象列入一定的范围之内，具体问题具体分析，从而准确把握对象。

第十一，社会历史事物的发展变化，有进化（改革）和革命两种方式。

第十二，社会历史发展的根源在于其种种复杂的内外部矛盾。

第十三，在客观历史进程中，环境创造人，人又创造环境。

第十四，社会历史的研究，不是一个简单的消极的反映过程，而是主客体之间相互渗透相互作用的辩证统一过程。[①]

（二）辩证唯物主义的基本观点

辩证唯物主义基本观点包含辩证的唯物论、唯物辩证法和辩证唯物主义认识论三部分。具体内容如表 1.1 所示。

表 1.1　　辩证唯物主义原理、方法论简表

		世界观原理	方法论要求
1. 辩证唯物论	物质观	（1）物质性原理：物质不依赖于人的意识而存在，物质决定意识，世界的本质是物质。	要求我们一切从实际出发，反对从主观出发，反对教条主义和经验主义。
		（2）意识的能动作用原理：意识对物质具有反作用，正确的意识促进事物的发展，错误的意识阻碍事物的发展。	要求我们重视意识的作用，树立正确的意识，克服错误的意识，反对形而上学和唯心主义。
		（3）物质与意识的辩证关系原理：世界的本质是物质，物质决定意识，意识对物质具有反作用。	要求我们一方面坚持一切从实际出发，另一方面要重视精神的力量。

① 李秀林. 辩证唯物主义和历史唯物主义原理［M］. 北京：中国人民大学出版社，2004.

表1.1(续)

		世界观原理	方法论要求
1.辩证唯物论	运动观	(4) 物质与运动的辩证关系原理：物质与运动不可分，物质是运动的物质，运动是物质的根本属性和存在方式；运动是物质的运动，物质是运动的主体。	要求用运动、变化、发展的观点看问题，反对离开物质谈运动的唯心主义和离开运动谈物质的形而上学。
		(5) 规律的客观性原理：规律是客观的，它不以人们的意志为转移，既不能消灭也不能创造，违背规律要受到惩罚。	要尊重客观规律，按客观规律办事，实事求是；反对主观主义。
		(6) 人与客观规律的关系原理：规律是客观的，不以人的意志为转移；但人有主观能动性，可以认识和利用规律。	把尊重客观规律和发挥主观能动性结合起来，坚持实事求是和解放思想的统一。
2.唯物辩证法	联系观	(1) 事物的普遍联系原理：联系是普遍的，又是客观的。所谓联系是指事物内部各要素之间相互影响和相互制约的关系。	对事物的联系进行具体的分析。
		(2) 因果联系原理：因果联系具有普遍性、特殊性、多样性。	
		(3) 整体与部分的关系原理：一切事物都是由各个局部构成的有机联系的整体，局部离不开整体，全局高于局部。	办事情要从整体着眼，寻求最优目标；搞好局部，使整体功能得到最大体现。

表1.1(续)

		世界观原理	方法论要求
2唯物辩证法	矛盾观	(4) 矛盾的普遍性原理：矛盾是普遍的，又是客观的。矛盾是事物自身所包含的既对立又统一的关系。事事有矛盾，时时有矛盾。	一分为二、全面的观点，坚持“两分法”，反对“一点论”（自由和纪律、速度和效益、市场机制和宏观调控）。
		(5) 矛盾的特殊性原理：矛盾着的事物及其每一个侧面都有其特点。	具体问题具体分析。
		(6) 矛盾的普遍性和特殊性原理：二者是共性与个性的关系，相互联系，在不同的场合可以转化。	遵循从特殊到普遍，再由普遍到特殊的认识顺序，反对形而上学。
		(7) 主次矛盾关系原理：主次矛盾相互影响、相互制约，主要矛盾处于支配地位，起着决定作用，次要矛盾反过来影响主要矛盾的发展和解决，二者在一定条件下可以相互转化。	看问题、办事情，既要善于抓重点，又要学会统筹兼顾；反对“眉毛胡子一把抓”和“单打一”。
		(8) 矛盾的主次方面关系原理：事物的性质主要由取得支配地位的矛盾的主要方面决定，矛盾的次要方面对事物的性质也有一定的影响，二者可以相互转化。	看问题、办事情，既要力求全面，又要分清主流和支流。
		(9) “两点论”与“重点论”相统一的原理：主次矛盾和矛盾主次方面相互联系，要求我们坚持“两点论”与“重点论”的统一。“两点”是有重点的两点，“重点”是两点中的重点，不可分割。	把“两点论”和“重点论”统一起来，看问题、办事情既要力求全面，又要善于抓住重点和主流。反对“一点论”和“均衡论”。
	发展观	(10) 事物是变化发展的原理：整个世界处在永不停息的运动变化发展中。所谓发展就是新事物的产生和旧事物的灭亡，即新事物代替旧事物。	用发展的观点看问题。要把事物如实地看成一个变化发展的过程；要弄清事物在其发展过程中所处的阶段和地位；要有创新精神。
		(11) 原因——内外因辩证关系原理：事物的发展是内外因共同起作用的结果，内因是事物变化发展的根据，外因是条件，外因通过内因起作用。	坚持内外因结合。

表1.1(续)

		世界观原理	方法论要求
2.唯物辩证法	发展观	(12) 状态——量变和质变的关系原理：事物的发展首先从量变开始，量变是质变的前提和基础；质变是量变的必然结果，事物不断经过量变—质变—新的量变—新的质变而发展。	坚持适度原则；不失时机地促成事物的飞跃；重视量的积累。
		(13) 趋势——前进性与曲折性相统一的原理：事物发展的总趋势是前进的，道路是迂回曲折的，是前进性与曲折性的统一；前途是光明的，道路是曲折的。	准备走曲折的路。正确对待人生中的挫折和社会主义事业中的困难。
3辩证唯物主义认识论	认识论	(1) 实践的观点：实践是人们改造客观世界的一切活动，实践有三个特点，实践是主观见之于客观的活动。	树立“实践第一”的观点，积极参加实践，反对唯心主义和形而上学。
		(2) 实践与认识的辩证关系原理：实践是认识的来源、最终目的、根本动力、检验认识正确与否的标准。科学理论对实践有巨大的指导作用。	坚持“实践第一”的观点，重视科学理论的指导作用，坚持理论与实践相结合的观点，反对形而上学和唯心主义。
		(3) 现象与本质的辩证关系原理：现象是个别的、易逝的东西，本质是事物内在的根本性的东西。现象是本质的表现，本质总要表现为现象。	要求我们透过现象看本质。
		(4) 感性认识与理性认识的辩证关系原理：感性认识是对事物现象的认识，理性认识是对事物本质和规律的认识，理性认识是更高级的认识，正确的理性认识对实践活动有巨大的指导作用。因而认识的根本任务是促使感性认识上升为理性认识。	把感性认识上升为理性认识。

表1.1(续)

		世界观原理	方法论要求
3.辩证唯物主义认识论	认识论	(5) 认识的辩证发展过程原理：认识是无止境的 。从深度上讲，认识需要不断深化；从广度上讲，认识应不断扩展；从变化上讲，认识必须向前推移。	要求我们在实践的基础上深化、扩展认识，把认识向前推移；反对满足现状、不求甚解的观点。
		(6) 分析与综合相结合的原理：实现认识的根本任务，进行思维的过程就是运用分析与综合相结合的科学思维方法的过程。二者不可分。	在实际工作中，培养科学的逻辑思维方法，既要在综合指导下进行深入分析，又要注意在分析基础上的综合，坚持二者结合而不割裂。

第二章　什么是教育

第一节　教育的定义

什么是教育？在教育学领域，给“教育”的定义较多。传统上，人们把学习培养、教育培养、训练培养、资助培养等事物都看成是教育。然而，还另有一种大得多的教育概念，即宏观的教育概念。它既包括了基本概念的教育、训练、学习等可以直接影响人的素质、能力的一类活动，还包括那些虽然不能直接影响人的素质、能力，却可以对前一类活动的进行起到帮助、促进作用的活动，这也就是人们所说的培养活动。

在我国，“教育”一词最早出现在《孟子·尽心上》：“君子有三乐，而王天下不与存焉。父母俱存，兄弟无故，一乐也；仰不愧于天，俯不怍于人，二乐也；得天下英才而教育之，三乐也。”《说文解字》：“教，上所施，下所效也”；“育，养子使作善也”。而真正现代意义的“教育”一词是20世纪初从日语转译而来的。

在国外，教育来源于拉丁文educate，其大概意思为“引出”或“导出”，就是通过某种手段，把本来潜在于身体和心灵里的东西引发出来。词源上西文“教育”是“内发”之意。教育是一种顺其自然的活动，目的是把人所固有的或潜在的素质，从内向外引发出来成为现实。

对于教育，大体上可分为两个不同的角度进行定义，即从主要关注个体的角度和主要关注社会的角度对教育进行定义。当生产力较为落后，人的社会化程度要求不高时，更多的是从个体的角度考虑。随着人类社会从农耕文明向工业文明时代的发展，社会分工的不断细化对人的社会化、专业化要求越来越高，而个体的专业化程度越高，个体对社会的依存度也越高，即个体的社会化程度也越高。这时，从社会的角度对教育给出定义就成为必然。因此从社会的角度看，教育是有意识地以影响人的身心发展、培养人为目的的，在一定社会背景下发生的促进个体的社会化和社会的个体化的实践活动。从狭义的角度看，一般指学校教育，它是教育者根据其社会（或阶级）的要求，有目的、有计划、有组织地对受教育者的身心施加影响，将他们培养成为特定社会（或阶级）所需要的人的活动。从广义的角度看，只要是增进人们的知识、技能和影响人们的思想品德的活动，都是教育。

第二节 教育的本质

教育的本质是指贯穿于一切教育之中，从古至今，只要有教育活动就存在、永远起作用的、稳定的、普遍的规律。

（一）教育是人类社会特有的一种社会现象

马克思主义教育学认为教育是一种社会现象，是人类特有的活动，即教育是人类社会特有的一种社会现象。所谓教育本质，就是指教育作为一种社会活动区别于其他社会活动的根本特征，即“教育是什么”的问题。它反映出教育活动固有的规定性也即其根本特征。教育一般是用我们已经掌握了的关于我们的对象及对象关系的知识，教给新的个体以应付对象的方式方法。它以一种意识改变另一种意识，以意识之间的碰撞、磨合、渗透及变革为目的，是一种意识覆盖乃至消除另一种意识的、可能令个体产生痛苦的过程。由于任何两个个体所面临的对象均有不同，从不同对象中得来的意识之间就具有差异性或冲突性。教育通过改变个体的意识空间来改变个体的选择指向。人类通过教育增大了个体的意识空间，从而找到了个体选择对象的方式方法的捷径。人类的文化成果通过教育者附着在个体的意识当中，塑造了新的个体，为个体关于未来的指向提供了透视器和显微镜。

在动物界尤其是高等动物界的代与代之间虽存在着

类似于人类的“教育”和“教”与“学”现象，但这两种表面类似的现象在本质上是不同的。

第一，所谓动物的“教育”和“教学”完全是一种基于生存本能的自发行为，而不是后天的习得行为。

第二，动物没有语言，不具备将个体经验积累起来向他人传递的能力。

第三，所谓动物教育的结果无非是小动物适应环境，维持生命，并独立生存，而人类教育的结果远远不止于此。教育是人类特有的一种有意识的活动。动物只拥有生命物质最基本的反映形式即被刺激感应性和动物的心理，只有人才是有意识的。人能通过抽象的理性思维反映事物的本质和规律。

人类教育中无论是生产经验的传授，还是社会行为规范的教导，都不是产生于人的本能需要，而是人们意识到的社会需要，在明确意识的驱动下产生的有目的行为。

教育是人类社会特有的传递经验的形式。人类有语言和文字，借助语言文字的信息载体功能，不仅可使人类的经验存在于个体系统之中，也可以存在于个体意识之外，脱离每个个体而独立存在；不仅可使人类获悉感官所及范围之内的经验，而且可超越时间限制和空间地域的阻隔，从过去到现在，从宏观到微观，全社会全人类的所有财富都可以为人类所掌握。人类传递经验的这一特点也证明了教育是一种社会现象。

教育是有意识的以影响人的身心发展为目标的社会

活动。教育活动是有意识的以人为直接对象的社会活动，它不同于其他以物质产品或精神产品的生产为直接对象的社会生产活动。教育与其他有意识的以人为直接对象的活动还有区别，教育是以对人的身心发展产生影响为直接目标的。这样就把教育活动和以保护人的身心健康、抵御疾病对人的身心危害的医疗活动，以及以满足人的各种需要为目标的社会服务活动区别开来了。

（二）关于教育本质的主要观点

把教育与本质联系起来是20世纪30年代的事，比如，杨贤江根据马克思主义教育观，对当时的“教育神圣说”“教育清高说”“教育中正说”“教育独立说”进行了批评，认为教育本质上是“观念形态的劳动领域之一，即社会的上层建筑之一”。新中国成立后，有关教育本质的探讨大致经历了三个阶段。第一阶段（20世纪50年代初至1976年）：教育本质的“一”，即“上层建筑说”这一种声音。第二阶段（1977—1988年）：教育本质的“多”，即“上层建筑说”“生产力说”“双重属性说”“多种属性说”“特殊范畴说”“社会实践活动说”“培养人说”“相对说”等教育本质说的纷争。第三阶段（1989年至今）：对教育本质“多”的反思与新说的阐发。目前，关于教育的本质主要有以下5种观点：

第一，上层建筑说。它认为教育是社会的上层建筑。理由：教育是观念形态文化，其性质、变化受社会经济基础决定并为经济基础服务；教育有受生产力制约的因素，但要通过经济基础的中介作用。

第二，生产力说。它认为教育是生产力，教育能生产劳动力，是劳动力的再生产；教育事业发展规模与速度以及教学内容、手段、形式受生产力制约；教育有受生产关系决定的因素，但一切生产关系和上层建筑归根结底都由生产力决定。

第三，双重属性说。它认为教育既具有生产力属性，又具有上层建筑的属性。

第四，复合现象说。它认为教育在本质上具有“多质性”，有上层建筑性质、生产力性质，有为阶级斗争服务、为发展经济服务、传递文化和促进人的发展等功能。

第五，社会实践说。它认为教育是培养人的社会实践活动，或者是促使个体社会化的活动；认为认识教育的本质，不应将其归属于某一范畴，而应以自身的规定性立论。

但从不同时期的教育制度都不同程度地体现着上层建筑的意志来看，以上五种观点都脱离不了社会的上层建筑，或者说教育的本质是离不开上层建筑的。

第三节　教育的目的

人类为了其生存的需要以及生活素质的不断提高，大多数的活动都是在一定的目的指导下进行的。教育作为人类社会所独有的一种活动，当然也不例外。因此，所谓教育的目的，指人们在接受教育之前就已经在脑海中存在的，通过教育要达到的预期结果，反映教育对在人的培养规格标准、努力方向和社会倾向性等方面的要求。广义的教育目的是指对教育活动具有指向作用的目的领域，含有不同层次预期实现的目标系列。狭义的教育目的特指一定社会（国家或地区）为所属各级各类教育人才培养所确立的总体要求。

（一）教育目的的定义

教育目的是由人提出和制定的，体现着人的主观意志。由于人们对教育持有不同的价值观，因而在制定教育目的的依据等问题上便形成了不同的主张。广义的教育目的是指人们对受教育的期望，即人们期望受教育者接受教育后身心各方面产生怎样的积极变化或结果。在一定社会中，凡是参与或关心教育活动的人，如教师、家长、政治家、科学家、艺术家等，对受教育者都会有各自的期望，也就是说都会有各自主张的教育目的。狭义的教育目的是指一个国家为教育确定的培养人才的质量规格和标准，是社会通过教育过程要在受教育者身上形成它所期望的结果或达到的标准，它特指一定社会（国家或地区）为所属各级各类教育人才培养所确立的总体要求。

教育目的作为整个教育活动的出发点和归宿点，体现了教育主体行动的原因和意图，既反映了社会对教育所要造就的社会个体的质量规格的总的要求和设定，也反映了个人通过教育活动获得某种发展的愿望与要求，它是在个人发展与社会发展之间进行的一种价值选择。

（二）教育目的的功能

教育目的的功能，即指教育活动的功效和职能，是指教育根据它自身的结构特点及教育在整个社会系统中所处的位置而产生的对其他社会子系统的作用和影响，就是回答“教育干什么”的问题。

第一，定向功能。任何社会的教育活动，都是通过教育目的才得以定向的。具体体现为：一是对教育社会性质的定向作用，即对教育“为谁培养人”具有明确的规定。二是对人的培养的定向作用。三是对课程选择及其建设的定向作用。四是对教师教学的定向作用。诸如教育制度的建立、教育内容的选择以及教育过程所采用的方法和手段，都必须按照教育目的去进行。如果教育工作偏离了教育目的，就达不到预定的教育结果。

第二，调控功能。人类社会发展至今，可供学生学习的知识和经验繁多复杂，需要培养的技能技巧多种多样，需要发展的智力能力有诸多方面。有了教育目的，就为教育内容的选择确定了基本范围，保证了教育能够科学地对人类丰富的文化做出有价值的取舍。同时，教育目的也为选择相应的教育途径、方法和形式提供了依据。

教育目的对教育活动的内容和形式的调控作用主要通过以下方式进行：一是通过价值的方式来进行调控。这一点主要体现在对教育价值取向的把握上。二是通过标准的方式来进行调控。三是通过目标的方式来进行调控。

第三，激励功能。教育目的是对受教育者未来发展结果的一种设想，具有理想化的特点，这就决定了它具有激励教育行为的作用。它不仅激励教育者通过一定的方式，把教育目的和培养目标转化为学生的学习目的，也激励受教育者自觉地、积极地参与教育活动。在教育活动中，只有当受教育者意识到教育目的对自身未来成长的要求或意义时，才能把它作为努力方向，不断地按照教育目的的要求发展和提高自己。

第四，评价功能。教育目的不仅是教育活动应遵循的根本指导原则，也是检查和评价教育活动的重要依据，既为教育活动指明了方向，又为检查和评价教育活动的质量提供了衡量尺度和根本标准。因为一种能够实现的教育目的，总是含有多层次的系列目标，这使得它对教育活动不仅具有宏观的衡量标准，还具有微观的衡量标准。依据这些标准，能够对教育活动的方向和质量等做出判断，评价教育活动的得与失：一是对价值变异情况的判断与评价；二是对教育效果的评价。教育目的无论是过程性评价还是终结性评价，都必须以教育目的为根本依据。同时，教育目的只有具体体现在学校教育各个评价体系中，才能发挥其定向和调控功能。

教育目的的上述功能，是相互联系、综合体现的。每一种功能的作用，都不是单一表现出来的。定向功能是伴随着评价功能和调控功能而发挥的，没有评价功能和调控功能，定向功能难以发挥更大作用；而调控功能的发挥需要以定向功能和评价功能作为依据；评价功能的发挥也离不开对定向功能和激励功能的借重。在现实教育中，应重视和发挥教育目的的这些功能，对其的合理把握在于对教育目的的理解的深刻性和全面性。

第四节 教育的理论

从 19 世纪 40 年代起，马克思和恩格斯的许多著作就提出了马克思主义教育观的初步原理，比如《资本论》第 1 卷第 13 章、《德意志意识形态》第 1 卷第 1 部分、《哥达纲领批判》第 4 部分、《共产主义基本原理》。正是在这一基础上逐步形成了较系统的教育理论。十月革命及其对马克思主义教育实践的需要，大大推动了这一理论的发展。该理论的主要组成部分有以下几点：

第一，对所有儿童一律实行义务性的免费公共教育，以确保消灭文化或知识的垄断、消灭教育的种种特权。在最初的表述中，这只能是一种由各种公共机构所办的教育。当时之所以这样提，是为了防止工人阶级所处的恶劣的生活条件阻碍儿童的全面发展。后来，又明确地提出了其他目标，比如必须削弱家庭在社会再生产中的作用，必须根据平等的条件来培养儿童，必须利用社会化的群体力量。无疑，最成功的革命教育实验，从马卡连柯学校到古巴的学校，都是按照社会化的方案来进行的。

第二，教育与物质生产相结合（或用马克思的话来说，就是把智育、体育和生产劳动结合起来）。这里所包括的目标，既不是进行较好的职业训练，也不是反复灌输职业道德，而是通过确保人人充分了解生产过程来消灭体力劳动与脑力劳动之间、观念与实践之间历史上形成的差距。这一原则在理论上的正确性虽然被人们广泛承认，但其实际运用中出了许多问题（许多半途夭折的或只是部分获得成功的试验就证明了这一点），这在科学技术迅速变革的条件下，尤其如此。

第三，教育必须确保人的全面发展。随着科学与生产的结合，人才成为完全意义上的生产者。在这一基础之上，所有的人无论男女，其潜力都能得到施展。这样将出现一个能够满足普遍需求的世界，使个人在消费、娱乐、文化的创造和享受、社会生活的参与、人际交往以及自我实现（自身创造）等社会生活的各个方面充分施展才能。这一目标的实现，特别需要改变社会分工，而这是一项艰巨的任务，迄今仅处于开创阶段。

第四，社会在教育过程中被赋予新的巨大作用。学校的内部集团关系的这种改变（从竞争转向合作和支持）意味着学校与社会之间的关系将变得更为开放，并以教与学的相互促进和积极配合作为前提。

上述理论并不是完美无缺的，该理论以及由该理论指导的实践仍然存在一些问题，比如人的个性问题；“本性与教养”的问题；学校和教育在流行的社会决定论范围内创新的可能性；教育的内容、方法、结构在促进社会变革中的相对重要性，等等。目前，仍有很多学者在对该理论进行研究并逐步地进行完善。

第三章　人的个性化学习需求

人类是由不同的个体构成的，从古至今，每一个特定的人都不同于任何他人，这是客观事实。特定的人与任何他人进行比较，无论他（她）们是否同胞胎、长相多么相似，都存在着各种差异之处。这些通过比较而呈现出的各种差异是区别不同个体的人的根本方法，问题是我们是否能认知其差异之处及其差异程度。

第一节　人的个性化本质

一、人的个性

在人类社会环境中，人的个体差异性是无可否认的客观事实。美国社会学家弗洛姆曾经讲，人并不是“一般地”存在着……他的性格、气质、天资、性情正是他区别于其他人的地方。因此，我们通过人的个体差异性可以区别男人和女人，因为他（她）们有不同的性别特征差异；我们可以分别白人、黑人，是因为他们的皮肤有黑、白的差异；我们可以区别兄弟姐妹，是因为他（她）们有高矮、胖瘦等差异；就多胞胎的兄弟姐妹而言，其父母总是能够根据其不同的差异，分辨出老大、老二、老三等，只是别人不知道其差异而已。这些人的个体生理因素方面的差异决定了特定的人不同于他人的生理特征。还有社会环境因素方面的差异：如有人喜欢吃辣味、吃甜味、吃面食、吃米饭；有的喜欢留长发、板寸；有吴侬软语、南腔与北调等等，这些由社会环境差异造成的个体差异也是区别不同个体人的标准与方法。概括地看，无外乎生理的和社会环境影响造成的差异。正如美国总统罗斯福讲的，“个性的造就由婴孩时代开始，一直继续到老死”。

因此，如果我们把个体的人在与他人比较而呈现出所特有的差异这种性质，叫做人的个性的话，那么，人的个性首先具有绝对性。因为生理或者社会环境因素影响导致特定的人所具有的各种特征是客观存在的。这些特征在与他人的比较过程中呈现出不同的差异，是个性的体现。比较过程中呈现出的相同特征是共性的体现。因此，共性是相对的。例如：黄皮肤、黑头发，相对于不同的人种来说，是中国人或者亚洲人的个性，但相对于中国人来看，则是共同的特征、是共性。黄皮肤、黑头发是每个中国人或者亚洲人所具有的客观存在的特征，是共性。共性是相对于个性来说的。个性是具体的，而共性是抽象概括的，共性体现在个性之内，两者是辩证统一的。文学家通常擅长描写人的个性特征，他们抓住人的最本质、最生动、最具代表性的特征塑造了一个个生动的人物形象，如《红楼梦》中泼辣凶悍的王熙凤和多愁善感的林黛玉等个性各异的人物，因其不同的个性而在文学作品中闪耀着各自的光芒，散发出不同的魅力。

人的个性，在心理学领域叫人格，指一个人与社会环境相互作用而表现出的一种独特的行为模式、思维模式和情绪反应的特征，也是一个人区别于他人的特征之一。

二、人的个性来源

就人的个性的本质来源看，应有两个方面因素：一是人从生命诞生开始就由其基因的不同组合决定了其生理差异性，这是后天的环境影响所不能改变的差异，如体育、艺术的拔尖人才，其天生的运动、艺术生理才能，是后天的训练无法获得的。二是人从生命诞生开始所处的社会环境就不同，时间、空间都存在着不同的差异，导致其对客观存在反应的差异。如受过现代社会教育的人与原始社会的人的生活方式就存在巨大的差异，比如洗脸、漱口、洗手、洗澡；八小时工作制；汽车、地铁、飞机；团购、网络等，导致现代人的生活行为方式与古人大不相同。这是社会环境的差异性决定了人的差异性。因此，人的个性来源是由其生理差异性和社会环境的差异性决定的。

三、人的个性与共性都是社会化的结果

人的差异性是通过比较而得到的，没有比较就没有差异，那么与谁比较呢？肯定是与社会中的其他人进行比较，当特定的人（人群）与社会中的其他人进行比较时，特定的人（人群）就成了社会的一员（一部分），这时特定的人就具有相应的社会性质了，因此人的个性的本质就是人的社会性。如果人脱离了社会，没有人与人的交往，就没有人的个性。婴儿出生时还只是个体，还不具有个性。人的个性是人个体社会化的结果。人的个性是相对于人的共性来说的，没有人的共性就没有人的个性，这是人这一客观事物的两个方面，相互依存而对立统一。比如人的生物共性有呼吸、饮食、休息等。同理，人的共性也是通过社会中的人与人进行比较而得到的，因此人的共性的本质也是人的社会性。因此，人的个性与共性都是社会化的结果。只是人的个性是具体的、客观的、绝对的，共性是相对的、抽象的、概括的。

四、人的个性化

我们把个体的人在社会比较过程中特有的差异这种性质叫做人的个性。人的个性的内涵有其有利的因素与不利的因素。比如，基因决定了某一个体的人身材高大、有良好的运动素质，有利于打篮球，那么我们就应该尊重并发展其个性，将其培养成优秀的篮球运动员。另一种可能是基因决定了某一个体的人得某种疾病的可能性

较大，不利于在某一些环境下生存，那么我们就应该抑制这种疾病的诱发因素，让其远离相应的环境。这是从生理差异性角度考虑的。同样，从社会环境的差异性角度考虑，对于有利于社会或者说不危害社会的个性，我们应该尊重并发展其个性。而对于不利于社会或者说危害社会、妨碍他人的个性则应该加以抑制和限制。人类社会尊重并发展不危害人类社会的人的个性的行为叫人的个性化。

因此，人的个性化是指：在不危害、妨碍社会（他人）的前提下，尊重和发展人的个性的社会化行为。这应该是人的个性化的本质。有了人的个性化本质，人们展现自我的个性，体现自我的社会价值等各种个性化行为才有其合理性。各种各样的个性化需求：个性化穿着、个性化食物、个性化用品、个性化礼品、个性化饰品、个性化手机、个性化家电、个性化电脑、个性化网站、个性化签名、个性化婚礼、个性化旅游，以及高度发达的个性化社会等，使得人的个性化需求能够得到尊重与满足。

第二节　人的学习与学习的个性化

自然的人有两大基本需求：第一个是生存的需求，第二个是发展的需求。只有当人的生存需求得到满足之后，人才会寻求得到进一步的发展。

一、人的学习

无论是为了满足生存的需求还是为了满足发展的需求，自然的人从出生开始就自觉不自觉地在进行着学习，这些学习包括动物本能性的如观察、模仿、行动等的学习以及人类社会特有的语言、文字、音乐等人类社会行为的学习。人从初生的婴儿开始，到小学、中学以及大学，直至进入社会，都在不断地学习来自于家庭、学校、社会等方方面面的知识。这些自觉与不自觉的学习，都是为了满足生存与发展的需要。例如：小孩学习使用筷子，是因为他吃食物时需要；学习走路，是因为他需要与小朋友玩耍；学习语言，是因为他有表达意愿的需要。虽然这些学习是在他们无意识的情况下自然发生的，但终归是随着他们有自发的生存需要而产生的。所以我们在鼓励学习者学习时，要尽可能地创造学习环境，激发学习者的学习需求，让学习者更多地自己动手解决问题。如果我们随时都安排好孩子的饮食起居，让其能随时轻松满足这方面的需要，孩子就没有学习这方面技能的需求，以后就会缺乏独立生活的能力。学校正规的学习内容，更多的是社会的需要和要求，要尽量地将社会的需要和要求转化为学习者自身的学习需要和要求，这样才能激发学习者的学习积极性、主动性。学习者向社会学习的道理也一样：随着学习者的成长，自身意识的增强，逐步地将社会需要与要求同自我学习的需要与要求进行内化统一，增强了自身学习的积极性与控制力。因此，人要学习，其内在原因是自身生存的需求和发展的需求。发展的需求包括自身发展的需求与社会发展的需求。自身发展的需求是在社会的比较下，期望自身能够发展得更好；社会发展的需求是社会期望每一个个体都发展得更好，社会也就会发展得更好。

二、学习的个性化

人在其生存与发展的社会化过程中需要不断地学习，由于其生理的差异与社会环境的差异，导致他们在生存与发展的社会化成长过程中的学习也有其共性与个性。对于特定个体人的学习而言，他们在进入正规学校的学习以前的学习，由于其生理基因的差异性，决定其学习能力的差异性，所以其学习是个性化的，虽然他们的学习也有其共性，如语言的学习、生存能力方面的学习等共性的内容，但从其学习形式、内容的不统一，时间、空间的不统一来看，主要是个性化的学习，这个时期的学习更多地体现自我生存的个性化学习需求。进入正规学校以后，由于学习内容相对统一，时间、空间也相对统一，所以，这一时期的学习以共性化的学习为主，个性化的学习相对少一些。这个时期的学习，主要体现社会对个体的共性学习要求。同样，当人走出学校以后，由于其自身学习能力的差异，职业、职务等社会环境的差异，导致他们的学习又以个性化的学习为主。这个时期的学习主要体现在自我的社会生存、发展需求方面。但是，不管人在哪一个时期，其个性化与共性化的学习都同时存在，只不过是共性与个性学习的多与少的问题，是矛盾的不同方面。例如：蒸汽机原理的发现及运用，对瓦特及其前人来说，认识这一原理的学习过程是个性化的，但对现代人来说，认识这一原理就成为生活、生产的基本常识，是共性学习的内容。学习的共性存在于学习的个性之中，学习的共性是学习个性的社会化抽象；学习的个性是本原的客观存在，个性化的学习是共性学习的前提，没有个性的学习，就不可能有共性的学习。就特定个体的人来看，符合自身客观实际的个性化学习需求是人的根本学习需求。

第三节 个性化学习需求

个体的人在其生存与发展的社会化过程中有不断学习的需求，由于其生理与社会环境的差异，他们在学习过程中，符合自身客观实际的个性化学习需求是其根本的学习需求。也就是说，**学习者的个性化学习需求是客观的、绝对的、值得尊重的学习需求**。这些个性化的学习需求，在存在其自身的生理与所处环境差异的客观前提下，有的可以得到很好满足，有的可以得到较好满足，有的可以得到基本满足，而有的是不能得到满足的。人的个性化学习需求可以得到不同程度的满足甚至完全不能满足，这是由其自身生理与所处社会环境差异性决定的。例如，有较好的嗓音条件又有能够进行音乐系统学习的社会环境与能力，那么，其成为歌唱演员的学习需求能够较好地得到满足；有较好的嗓音条件而没有进行音乐系统学习的社会环境与能力，其成为歌唱演员的学习需求将难以得到满足。因此，对学习者学习需求的满足程度，其实质就是在尊重学习者的生理客观个性的前提下对其个性化学习的满足程度，即：学习者的学习需求的实质是学习者的个性化学习需求。它说明了：人在其生存与发展的社会化过程中不断产生的个性化学习需求是客观的、绝对的、值得尊重的。在这个过程中，共性化的学习需求是相对的，是社会化所要求的。

第四节　教育对学习需求的满足

既然人在其生存与发展的社会化过程中不断产生的个性化学习需求是客观的、绝对的、值得尊重的，就有必要满足这些个性化学习需求，这就是教育的功能问题。在教育学里面，教育的最基本或者说首要功能是什么？是促进个体的发展，包括个体的社会化和个性化。如果说这个回答显得抽象了一些，那么更通俗的说法就是：教育的最基本或者说首要功能是满足学习者的个性化学习需求。在与不同的人类生产力发展水平对应的社会时期，教育对个性化学习需求的满足形式与程度有所不同。在原始社会时期，学习者对生存能力的个性化学习需求，主要通过父兄长辈的“传帮带”得到一定程度的满足；

在手工业生产时期，学习者对劳动技能的个性化学习需求，主要从师傅的“言传身教”中得到一定程度的满足；在工业化生产时期，学习者对劳动技能的个性化学习需求，主要从教师的“传道授业解惑”中得到一定程度的满足；在研究型、创新型社会时期，学习者的个性化学习需求，则要在更多的研究、发明、创新的社会实践活动中得到满足。而不同时期的教育形式、内容、制度等，对学习者个性化学习要求的满足程度是不同的。在生产力水平较低、社会化程度较低时期，对学习者个性化学习要求的满足程度也较低；在生产力水平提高、社会化程度提高的不同时期，对学习者个性化学习要求的满足程度也在不断地提高。

原始社会对学习者个性化学习要求的满足程度极其低下，主要依赖父兄长辈的“传帮带”和个体的劳动实践；奴隶社会中只有奴隶主贵族的子女才能上学；封建农耕社会虽然已有耕读的文化与私塾，也只有少数人能够得到接受教育的机会；在工业文明社会时期，人类社会才开始逐步建立义务教育制度，随着社会生产力水平的发展，中小学义务教育逐步普及，我国的大学教育也从精英教育走向了大众教育。因此，**随着社会生产力水平发展、社会化程度的提高，教育对学习者个性化学习需求的满足程度也在不断提高。**

第五节　个性化学习与教育投入的动因

人为什么要主动、自觉地进行个性化学习？是因为人的学习会给满足自身的生存与发展需求带来好处。小孩学习使用刀叉、筷子，会带来有利于获取食物的好处；对语言的学习，可以带来有利于交流、玩耍的好处。人对各种知识、技能的学习，可以给满足自身的生存与发展需求带来各种好处。

一、个性化学习的动因

人类社会进入商品生产社会以后，商品生产成为社会经济活动的主要形式和创造社会财富的主要方式，社会财富的创造和积累也主要表现为商品价值的创造和积累。根据马克思劳动创造价值的理论，商品是用于交换的劳动产品，商品的价值由社会必要劳动时间决定。商品价值包括两方面：生产资料价值转移而形成的价值和活劳动创造的新价值。活劳动是创造价值的劳动，是价值的唯一源泉。活劳动作为新的劳动，本身不但物化成新的价值，还保存了原先存在于生产资料的价值并将其转移到商品中。马克思把活劳动的这种功能称为它的“自然恩惠”[①]。只有商品生产的活劳动才创造价值，相

① 马克思恩格斯全集：第 23 卷［M］. 北京：人民出版社，1972：665.

对于社会劳动凝结物的劳动手段和劳动对象是物化劳动，只能转移价值，而非劳动生产要素在价值创造中也有其相应的作用。

活劳动是人的劳动，单位时间里活劳动创造价值的多少就是人的劳动效率，劳动效率高，在单位时间内创造的价值多，理应得到更多的工资回报。劳动效率的高低有赖于人的知识、技能掌握的熟练程度，而知识、技能掌握的熟练程度与人的个性化学习积累成正相关关系。因此，在商品生产社会中，人的劳动生产工资回报与人的个性化学习积累成正相关关系。人的个性化学习积累越多，在单位时间内创造的价值就越多，理应得到更多的工资回报。这就是作为商品生产社会中的劳动者的人，为什么要不断地主动、自觉地进行个性化学习的动因。

二、教育投入的动因

作为上层建筑的国家、政府为什么要主动、自觉地对教育进行投入？是因为对教育进行投入会给社会经济的发展带来各种好处。

世界上第一个实施义务教育的国家是普鲁士王国，1717 年普鲁士王国开始实施义务国民教育，1809 年洪堡就职普鲁士最高教育长官，对普鲁士的教育制度进行改革，为普鲁士建设高素质的军队、为德国的统一和在欧洲乃至世界的崛起奠定了坚实的基础，成为以后德国两百年间科学、技术、文化发展的基石。在 1810 年成立的第一所新体制的大学——柏林大学，影响了全世界各国的高等教育发展。

1868年，日本开始明治维新，政治改革建立君主立宪政体，经济改革推行“置产兴业”，学习欧美技术，推进工业化浪潮，提倡“文明开化”，大力发展教育，在亚洲率先实施义务国民教育，使日本成为亚洲第一个走上工业化道路的国家，逐渐跻身世界强国。

1945年，第二次世界大战结束后，作为战败国的德国和日本遭受了沉重的打击，普遍认为，这两个国家的经济要很久才能恢复原有水平。而事实上，在10多年时间里，德国和日本就奇迹般地恢复了。20世纪60年代以后，两国继续以强大的发展势头赶超美、苏，最终的经济实力上升到世界第二和第三位置，这是传统经济学不能解释的一大谜题。

就传统经济学观点而言，国民财富的增长与土地、资本等要素的耗费应该是同时进行的，或者说同比例增长的，而资料统计显示，第二次世界大战结束后，国民财富的增长速度远远大于那些要素的耗费速度，这是另一个难解之谜。

“里昂惕夫之谜”即美国出口劳动密集型产品与要素禀赋理论认为美国是资本相对丰富、劳动相对稀缺的国家不符也是传统经济学观点难以解释的又一个谜题。

经济领域中出现的这些难以解释的现象，引起了西方经济理论界的高度重视。美国经济学家、美国经济协会会长西奥多·W. 舒尔茨，在1960年的经济协会年会上发表了《人力资本投资》演说，阐述人力资本是当今时代促进国民经济增长的主要因素，明确“人口质量和知识投资在很大程度上决定了人类未来的前景”。他用人力资本投资理论解释了无法用传统经济理论解释的问题，并因此在 1979 年获得诺贝尔经济学奖。

舒尔茨在他的人力资本理论里提出著名观点：在影响经济发展的诸多因素中，人的因素是关键的因素，经济发展主要取决于人的质量的提高，而不是自然资源的丰富与贫瘠或资本的多寡。他用此理论来解释经济领域的疑难问题：

对德国和日本发展的经济奇迹，他认为最主要的就是人力资本的原因。战争破坏了这两国的物质资本，但并未破坏其充裕的人力资本；加上这两国悠久的文化传统和重视教育的现代国策为经济发展提供了大量高素质的劳动力，使两国的经济发展建立在高技术水平和高效益基础上。

对国民财富增长远大于资源耗费，他认为，“投入与产出之间增长速度之差，一部分是由于规模收益，另一部分是由于人力资本带来的技术进步的结果”，使得单位劳动、土地和资本的耗费可以产生比以前要高得多的产出和效益，解释了第二次世界大战结束后及整个 20 世纪 60 年代资本主义世界经济高速发展的原因。

对“里昂惕夫之谜”，他认为，美国虽然人口只有两亿多，但劳动者的平均劳动熟练程度高，单位时间内的劳动事实上是可以折合成多倍简单劳动的复杂劳动。因此，美国并不是一个劳动缺乏的国家，而是一个人力资本相对丰富的国家。所以，在对外贸易中，美国出口自己资源优势比较大的产品即劳动密集产品。

舒尔茨认为，人力资本是体现在劳动者身上的一种资本类型，以劳动者的数量和质量（劳动者的知识程度、技术水平、工作能力以及健康状况）来表示，是这些方面价值的总和。人力资本是通过投资形成的，像土地、资本等实体性要素一样，在社会生产中具有重要的作用。

在人力资本的形成过程中，对人力资本的投资是非常关键的。舒尔茨指出，要区分消费支出和人力资本投资支出，在理论和实践方面都非常困难，但是可以将人力资本投资划分为包括营养及医疗保健、学校教育、在职人员培训、人力资源流动等费用。这些人力资本投资会产生长期的影响，这些人力资本投资所形成的劳动者素质的提高将在很长的时期内对经济增长做出贡献。

对人力资本的投资与其他投资比较，是一种投资回报率非常高的投资。舒尔茨对美国 1929—1957 年的 28 年间教育投资与经济增长的关系做了定量研究，发现各级教育投资的平均收益率为 17%；教育投资增长的收益占劳动收入增长的比重为 70%；教育投资增长的收益占国民收入增长的比重为 33%。这些收益与其他类型的投资比较，显示出人力资本投资回报率非常的高。舒尔茨的人力资本理论主要有两大观点。

观点之一：人力资本的积累是社会经济增长的源泉

这个观点主要来源于三个方面的原因：

其一，从普遍的情况看，人力资本投资的收益率超过各种物力资本投资的收益率。他认为，人力资本与其对应的物力资本投资的收益率是相互关联的，人力资本与物力资本的相对投资量主要由其各自的收益率决定。收益率高的情况说明相对投资量不足，需要追加投资；收益率低的情况说明投资量相对过多，需要减少投资量。当人力资本与物力资本的投资收益率相等时，这时的投资量是二者之间的最佳投资比例。在这二者的相对比例还没有处于最佳状态时，必须追加投资量不足的方面。当前相对于物力投资来说，人力资本投资的收益率超过各种物力资本投资的收益率，显示出人力资本投资量不足，需要增加人力资本的投资。

其二，人力资本在各个生产要素之间发挥着相互替代和补充的作用。他认为，现代经济发展已经不能单纯依靠自然资源和人的体力劳动，必须在生产中提高体力劳动者的智力水平，增加脑力劳动者的成分来代替原先的生产要素。因此，由教育形成的人力资本在经济增长中将更多地代替其他生产要素而促进经济的增长。

其三，他用他创造的“经济增长余数分析法”估计测算了美国过去的 1925—1957 年间国民经济增长额，发现约有 33%是由教育形成的人力资本的贡献，进一步证明了人力资本是经济增长的源泉。

他认为，教育促进经济增长是通过提高人们处理不均衡状态的能力这种具体方式来实现的。人们处理不均衡状态的能力，是指人们在条件发生变化、更新时做出的反应及其处理问题的效率，即人们根据经济条件的变化，在财产、劳动、金钱及时间等方面，重新合理分配自己的各种资源的能力。他称这种“分配能力”为处理不均衡能力。而这种能力的取得与提高，主要来源于教育形成的人力资本的作用。人们的这种“分配能力”可以带来“分配效益”，促进个人与社会经济的增长，增加个人和社会的经济收入。

观点之二：教育也是使个人收入的社会分配趋于平等的因素

人力资本是资本，与物质资本一样可以促进经济增长，增加个人的经济收入，使个人收入的社会分配不平等现象逐步趋于减少。通过教育提高人的知识、技能，提高人的生产能力，从而增加个人收入，使个人工资和薪金结构发生变化。个人收入的增长和个人收入差距缩小的根本在于人们受教育水平普遍提高，是人力资本投资的结果。教育对个人收入的影响主要表现为：

其一，个人工资收入的差别主要是由于所受教育的差别引起的，个人受教育程度的提高能够增强劳动者创造收入的能力，影响个人收入的社会分配，不断地改善社会个人收入分配方面的不平衡状态。

其二，劳动者个人受教育水平的提高会使因受教育不同而产生的相对收入差别趋于减少，而随着义务教育普及年限的延长、中等和高等教育升学率的提高，社会个人收入的不平衡状况也将逐步地得到改善。

其三，随着人力资本投资的增加与积累，可以使物力资本投资和财产的收入比重趋于下降，使劳动者的个人收入逐步趋于平等化。当今社会，在国民经济收入中，依靠财产和物力资本收入的比重逐步下降，而依靠劳动收入的比重在相对增加，其原因是人力资本对经济增长的贡献在增加。

我们用现代劳动经济学的观点来看，社会对教育等的投入形成人力资本的投资，进而积累成社会的人力资本，是社会经济增长的源泉。而这种投资的有效形成，是必须通过人的有效个性化学习行为来实现的。否则，即便社会对教育、对人力资本进行投资，没有人的有效个性化学习行为，也不能形成有效的人力资本。这时的人力资本投资是无效的投资，也是失败的投资。在人的有效个性化学习行为中，在体力、精力、时间与财力等方面的投入，都是对个人人力资本的不断的投资及积累。既然是人力资本的投资，就会带来人力资本投资的回报，并且由于人在劳动中的地位和作用，决定了人力资本的投资是经济增长的源泉，是效益最佳的投资。这不仅再次说明了人的个性化学习的动因，也进一步说明了社会的上层建筑对教育投入的内在动因。

第四章　生产力发展不断推动教育的发展

不同时期的生产力发展水平决定着相应历史社会时期的生产关系、经济基础和上层建筑，也就决定了相应的教育目的。教育的目的回答了为什么要进行教育，同时也就规定了教育的基本内容及其相应的形式。以下将运用马克思主义唯物史观考察教育在发展过程中的历史特征。

第一节　教育的历史特征

教育的目的是随着生产力水平的发展、社会的发展而不断演变的。在不同的时代，教育的目的是不同的，教育的目的因生产力发展水平、社会制度、民族文化传统、教育思想不同而异。

（一）原始社会时期的教育

自从有了人类社会，便有了人类的教育活动。不论东方还是西方，在原始社会时期，生产力都十分低下，社会生产处于刀耕火种的水平，男人狩猎，女人采集野果作为食物，群居生活，没有阶级，生产资料公有，以血缘关系为纽带组成的氏族成员之间平等互助，进行集体的生产和生活活动。由于生产力水平低下，每个有劳动能力的人都必须从事生产劳动，才能维持生存，儿童自幼年就要开始向年长一代学习劳动技能，所以，生产劳动教育是最重要的教育内容。对儿童的教育由整个氏族（部落）共同承担。《礼记·礼运》中的“大道之行也，天下为公。故人不独亲其亲，不独子其子”是对远古时期的社会公有情况的描述。儿童的社会公有是原始社会儿童教育的基本形式，教育内容主要是儿童今后将要从事的社会生产和生活活动的内容，也包括思想、道德和宗教教育。通过思想道德教育，培养成员的行为规范，养成照顾、赡养老人的观念和敬重家族族长的思想；通过宗教教育，使新生的一代不仅养成宗教意识和情感，还使儿童在参加宗教祭祀活动中学到一些生产知识、历史传说、自然常识等，同时，也包括歌舞、音乐、绘画等美育内容。原始社会后期，由于部落之间战争的需要，军事教育也成为重要的学习内容。但是，在漫长的原始社会里，由于生产力水平相对落后，还没有相对确定的社会分工，教育也就没有成为专门独立的社会活动。其特征表现为：没有专门的教育机构，没有特定的教育内容，没有专职的教育工作人员，教育内含于日常的生产劳动和生活活动之中，目的是群体的生存、延续和发展。

教育的内容以掌握生产、生活技能和遵守社会行为习俗的思想道德教育为主，加上歌舞、音乐、绘画等美育以及军事教育等内容。教育以儿童的社会公有为基础，在与社会的生产劳动和生活活动相结合中实现。

（二）奴隶社会时期的教育

随着生产力及社会的发展，特别是冶炼技术的掌握及广泛应用，使得青铜器代替石器而成为生产工具，提高了劳动生产效率，逐步实现农业和畜牧业代替渔猎和采集而成为主要的生产方式，从而使劳动生产的产品、物质开始丰富起来。这些产品和物质不仅能满足人们消费的需要，还有了剩余。这些生产劳动创造的产品和物质的剩余不断积累，使部落和氏族的酋长、军事首长等特权人物变成了财产的私人占有者。随着这些剩余物质的不断积累，部分部落和氏族逐步富裕和强盛，为其军事的强大准备了物质基础。物质的富裕保障了其军事的强大，也保障了其在土地、自然资源争夺的军事扩张过程中的胜利。军事上的胜利使这些氏族（部落）获得了大量的俘虏和占领地的百姓，其中的许多人成了胜利者的奴隶，这就逐步形成了统治与被统治的社会生产关系。至此，由于生产力的发展，在体脑分工的基础上，人类社会进入到第一个有阶级划分的奴隶社会，人类社会也开始出现了阶级和国家。

在公元前 3000 年左右，中国、埃及、巴比伦、印度等古代东方国家，先后形成奴隶制国家；公元前 8 世纪左右，希腊形成了许多奴隶制城邦国家；公元前 510 年左右，罗马成立了奴隶制共和国，它们在历史上代表了奴隶制发展的不同阶段。占统治地位的奴隶主阶级，为维护其阶级利益、巩固其经济基础和社会秩序，必然借助国家机器对被统治的奴隶阶级进行管理，镇压他们的反抗，为此需要有自己的国家机关和力量，包括政府、军队、监狱等社会上层建筑，同时也需要论证这种经济基础和上层建筑合理性的意识形态。这又需要大量的官员、文士、僧侣和军人，而这些专业人员都要经过专门的培养和训练。

同样，由于生产力发展因素而致的剩余物质及其积累，才可能使得一部分人得以脱离生产劳动，转而专门从事脑力劳动，对劳动人民在生产与生活中积累的各项经验进行归纳和整理，建立多种科学知识的体系。这些知识还仅仅是初步的，掺杂着迷信和谬误。但为了能够把这些知识和技能传承下去，使后人了解历史，仅靠口述与简单的符号是不能够做到的，因此人类创造了文字。正如恩格斯在《家庭、私有制和国家的起源》中指出的：文字是在社会需要的影响下，在原始公社制度解体和阶级产生的时期出现的。文字的创造发明为人类社会知识和技能的积累与传承起到了极其重要的作用，使得人类的学习和教育有别于任何其他动物的学习与教育。通过文字的记录，可以传承人类社会的各种实践经验与知识，形成系统化、抽象化的天文、地理、水文、医学、数学、建筑等分门别类的知识和学问。对这些知识和学问的掌握已不可能通过日常实践活动中的非正规教育来进行，客观上要求有专门的机构和组织来传授这些知识。因此，人类劳动剩余产品的出现，为人类社会的分工提供了最主要、最基础的物质条件，社会的分工又有力地促进了生产力的发展，以致出现体脑分工，使得社会中的部分人得以从直接的生产劳动中脱离出来，专门从事社会管理和文化劳动，从而导致社会分工从单纯的生产劳动领域扩大到整个社会，促进社会分工的进一步发展。而作为广义文化劳动组成部分的教育，也开始从社会生活中逐步独立出来，演变成为一种专门和固定的职业，由此，古代的学校教育开始产生和形成。奴隶社会时期，通常是把皇族子弟和贵胄青年安排在宫廷中，选派富有经验和阅历的官吏负责教导、管理。所以，宫廷学校是人类最早的学校。奴隶社会的学校教育从开始就带有鲜明的阶级性，教育成了统治阶级（奴隶主阶级）进行政治统治、阶级压迫和阶级斗争的工具。由此可见，古代学校教育的产生，是生产力发展引起社会经济、政治和文化发展的必然结果。

在中国的夏、商、周时期，已经出现了古代的学校教育。《孟子》中记载："夏曰校""殷曰序""周曰庠"，"学则三代共之，皆所以明人伦也"。同样，在西方的古希腊由于生产力的发展，逐渐有了追求身心和谐发展的教育思想。亚里士多德倡导的自由教育，是要把奴隶主贵族的子弟们教育成为自由人，使他们的身体、智力、道德等各方面都和谐平衡地发展。因此，随着社会生产力的发展，奴隶社会时期的教育特征表现为：教育已经从社会生产、生活中独立出来，成为一种专门和固定的职业，产生了古代的学校教育，这一时期的教育目的已经明确：为维护奴隶主阶级的统治服务。作为上层建筑组成部分的教育，已经带有明显的阶级性。教育的内容以维护统治阶级的统治和为其利益服务的内容为主，包括原始社会时期的教育内容。教育形式以古代的学校教育形式为主，包括原始社会时期的教育形式。

（三）封建社会时期的教育

在我国春秋、战国时期，生产工具和生产技术有了显著的进步，特别是农业种植技术的发展、铁农具和牛马耕作方式的使用，导致社会生产力迅速发展，农耕文明时期到来，地主和农民阶级逐渐形成。随着地主阶级的不断发展壮大，为了保障自己的经济利益，他们要求取得政治地位，用地主阶级专政代替奴隶主贵族统治。以商鞅为代表的改革家从地主阶级的利益立场进行变法活动，促使封建剥削方式出现，确立了封建制度，促进了社会生产力的更快发展。所谓“封建”，史称“封藩建卫”，指周朝建立后，统治者征服了广大地区，派遣自己的兄弟、贵族、勋戚以及臣服部落的首领，带着武装家臣和俘虏，到指定的封赏地点进行统治，把那里的土地和人民赏赐给他们，建立周朝的属国，统辖当地的部落和人民，形成保卫中央的前卫国家。这些受封地区的统治者就叫诸侯。各诸侯在其封国内，又将大部分土地分封给属下的卿大夫作为“采邑”，而卿大夫再把所封采邑的土地分封给属下的士，作为“食地”。这就是周朝的大分封，史称“封藩建卫”，“封建”由此而来，与其对应的社会时期即为封建社会时期。

早在4000多年前的古代中国，把教育和学习的地方称为“庠”“序”“学”“校”“塾”等。“庠”为“培养教化”之所，《现代汉语词典》中，“庠”读作 xiáng，是古代的学校。而“庠序”，也泛指学校。“庠”为乡学，有堂有室；“序”为州学，有堂无室。“庠生”，是“学生”的意思。古人将学校称为“庠”，是取其“教养教导”“培养教化”之意，即为专门用于教化人从善、向善、识礼，使人品更加完善的地方。“庠”作为古代学校的名称，有“上庠”和“下庠”之称，就是大学和小学之别。从西汉时期起，学校分为中央和地方主办，中央设太学，地方设学宫，到唐代办学达到鼎盛时期，学校的分类更加仔细，其后明、清时期的学校基本承袭了隋唐体系。到清末，洋务派开始兴办近代教育，光绪二十八年（1902年）颁布《钦定学堂章程》，首次将学校称为“学堂”。辛亥革命以后，中华民国教育部公布新的学制，“学堂”一律改称“学校”，并一直沿用至今。所以，真正的“学校”一词在我国是到民国时期才出现的。

在中国封建社会时期，长期的儒家教育思想占据着统治地位，《大学》中提出“在明明德，在亲民，在止于至善”的教育方向，《中庸》中提出“格物、致知、诚意、正心、修身、齐家、治国、平天下”的教育内容。《学记》提出“建国军民，教学为先”，即用教育来化民成俗，为统治者服务；“《宵雅》肄三，官其始也”，“凡学，官先事，士先志”，即用做官为诱饵，培养遵守伦理纲常的“圣贤君子”。《大学》提出“三纲领”“八条目”也体现了这种思想。至唐代以科举取士，更是把这种教育目的巩固下来。唐太宗曾笑曰：“天下英雄皆入吾彀中矣。”唐初考取进士，明法、明算、明字诸科颇能切合实用，拔取真才。其后仅重明经、进士二科，明法科随之而废，实用性科目渐渐不受重视。由于不能凭实用技术入仕，学习实用技术者渐少。其后历代科举皆仿唐制，只重视文学性科目，不重视技术性科目。明经科重视帖经，久之以帖字为通经，不穷义旨；进士科则重诗赋创作，久之以声病为是非，唯择浮艳。两者演变至后期都各走极端。总之，我国几千年封建统治的教育目的都是从企图统治受教育者的那部分人的意志出发的，这部分人就代表了“社会”。这个教育目的是为了捍卫统治和压迫大众而生的，它从一开始就异化了受教育者。首先，道德和知识原本是一体的，但在封建社会中，道德的束缚演变成压迫大众的合理化工具。其次是教育目的过于单一，只注重人文学科，到后来甚至人文学科也未掌握，只重死记硬背，实用技术被忽视，基础理论更是如此。这导致人的发展被局限在一个很小的范围内，以至于压制了受教育者冲破这个局限的欲望。而在西方的封建社会时期，宗教神学占领着统治地位，大量的教会学校培养出大量僧侣，而世俗的封建领主们希望他们的骑士忠诚于他们自己。而无论是中国的儒家教育思想还是西方的宗教神学，其核心都是维护“君权神授”，天子与君王以及其统治都是上天、神灵的安排，上天和神灵是不可抗拒的，劳苦大众只能接受其意志和安排。而后来欧洲文艺复兴运动的主要成就正是解放了人们的思想，砸烂了封建精神枷锁，推翻了宗教和神学的统治地位。历代封建社会教育的特征表现为：教育的目的是为封建君主专制服务，为统治阶级培养人才，培养适合统治阶级需要的官吏、牧师或骑士。在封建中国，就是为了传播统治阶级的意识形态和治国方略，培养能够维护和巩固封建统治的官吏。在欧洲封建时代，就是为了培养能够忠于世俗封建主的“骑士”，以及忠于教皇的“教士”或“牧师”。教育的内容主要体现为道德文章或宗教经典。在封建中国，教育的主要内容是《四书》《五经》等儒家经典。而在西方，教育的主要内容是宗教的教义及其相关内容，也包括一些科技教育内容，如中国的算学、天文学、医学等。教育的形式体现为形成了系统的教育体系，积累了丰富的教育经验，有了较为丰富的教育教学思想。中国从汉代开始建立中央到地方的官学及私学系统，不仅有启蒙教育，还有高等教育，官学和私学之外，还有书院和社学。而在中世纪的欧洲，教会同样创办了大量的各种层次和类型的学校，其中以主教学校、教区学校、修道院学校及教会大学等为代表。在这一时期，出现了大量对教育问题进行研究的论述文章和专著。如西方杰罗姆的《致莱塔的信》、本笃的《本笃规程》、伊西多的《辞源》，我国的《学记》、颜之推的《颜氏家训》、韩愈的《师说》和《进学解》、程端礼的

《程氏家塾读书分年日程》和黄宗羲的《学校》等。

（四）我国近代的教育目的

1840 年鸦片战争爆发以后，亡国灭种的危机使教育目的发生了变化。曾国藩重视“一技一艺之流”，提出“师夷智以造船制炮”；李鸿章指出“中国欲自强，则莫如学习外国利器”；张之洞主张培养“习知西事、通体达用”的实用人才。以上是洋务派固守“中体西用”的根本前提。维新派提出教育应培养具有初步资产阶级性质的“新民”，突破了“中体西用”的藩篱。康有为主张变科举、开学校、开学会、派游学等，以“通世界之知，养有用之才”。梁启超认为教育应“以造就国民为目的”，其新民人格特征包括国家观念、权利思想、自由和自治等 18 种之多。严复认为，通过教育提高国民素质是国家富强的根本，而开矿、练兵、兴商务等治标不治本。他认为教育分为体育、智育和德育。革命派中，孙中山主张用“三民主义”作为教育的基本内容。蔡元培提出“国民教育应以养成共和健全之人格为根本方针”，提出“五育并举”、和谐发展、养成“健全人格”的主张。近代教育目的注重培养科技人才，它从富国强兵的愿望出发，历经洋务派的“培养技术人才”到蔡元培的“五育并举”涵养健全人格，教育目的被不断注入新的内涵。

（五）新中国成立后的教育目的

从政策文本来看，1958 年《中共中央、国务院关于教育工作的指示》中提出：“教育的目的是培养有社会主义觉悟的有文化的劳动者。”1982 年《中华人民共和国宪法》第四十六条指出："国家培养青年、少年、儿童在品德、智力、体质等方面的发展。"1993年《中国改革和发展纲要》的提法是"培养德、智、体全面发展的建设者和接班人"。2000年我国第三次全国教育代表大会正式提出深化教育改革，全面实施素质教育的指导思想。《2000年中国教育绿皮书》将素质教育归纳如下：面向全体学生；促进学生全面发展；重视学生创新精神与实践能力；发展学生的主动精神，注重学生个性发展；着眼于学生终身可持续发展。

从学术界来看，1986年《教育大辞典》将"教育目的"定义为：培养人的总目标，关系到把受教育者培养成为什么样的社会角色和具有什么样素质的根本性质问题。也有观点认为，教育目的是教育对所培养人的质量和规格的总体设想和规定。它一方面规定所培养人的身心素质，即受教育者的个性结构，包括知识、品德、智力、体力等方面的发展；另一方面，规定培养的人应符合什么样的社会需要。学术界关于素质教育的含义尚在探讨中，一般认为是：面向全体、全面发展、创新精神和实践能力、通识教育、发展个性与主动精神。

至此，我们大体可以看出：人类社会不同时期的生产力发展水平，决定了当时的社会生产关系。社会生产关系的总和，决定了当时的社会上层建筑，也就决定了上层建筑内涵之一的同一时期的教育。即：同一时期的生产力$\xrightarrow{\text{决定}}$生产关系$\xrightarrow{\text{决定}}$教育（上层建筑）。

随着社会生产力的不断发展，生产关系不断发展，必将导致教育的目的、内容及形式的发展。这是符合马克思主义唯物史观规律的。不同时期的教育都有与其生产关系、生产力相适应的不同的特征。不仅如此，马克思主义唯物史观还揭示了上层建筑会积极服务和反作用于经济基础，也会积极服务和反作用于生产力。从教育服务和反作用的角度就应该有：同一时期的教育 $\xrightarrow{\text{服务于}}$ 生产关系 $\xrightarrow{\text{服务于}}$ 生产力。

第二节　教育对生产力的反作用

前面我们运用马克思主义唯物史观考察了生产力发展决定教育的目的、内容及形式等客观规律，那么，作为上层建筑的教育又是怎样服务和反作用于经济基础、生产关系和生产力的呢？我们从人类社会由农耕文明社会向工业文明社会发展的过程来加以考察。

科学技术的进步与发展，推动着生产力的不断发展。特别是英国科学家瓦特，从水壶烧开水的生活活动中，发现当水烧开后会推动壶盖运动这一原理，从而改良了蒸汽机，标志着人类社会开始进入工业革命的机械化时期。蒸汽机的广泛应用，使得人类的生产劳动得以从传统的手工劳动中解脱，劳动生产率大大提高，形成了纺织、铁路、商业等各种商品生产与服务的行业，导致人类有史以来最大的社会化大分工，人类社会也开始进入了以商品生产为目的的发展阶段。这一社会化大分工产生的各行各业需要大量的劳动者，而从手工业劳动中解脱出来的劳动者并不能自然地适应商品生产与服务的要求，需要对他们进行专门教育和培训，使其具有适应商品生产与服务的能力，这就是生产力的发展对教育提出的要求。而教育的发展反过来对生产力发展的巨大推动作用，主要表现在下列几个方面：

（一）教育为社会培养科学技术专门人才

现代生产力的发展，越来越依赖于科学技术。因此，培养科学技术专门人才，就成为推动社会生产力发展的重要因素。世界上经济发达的国家，科学技术人员在职工中所占的比例都比较高。教育是培养科学技术专门人才的主要部门。教育为社会培养科学技术人才包括两个方面：一是研究和设计人才，二是生产技术人才。新中国成立前科学技术人才极少，主要靠新中国成立后尤其是恢复高考后各类学校培养。目前全国全民所有制单位共有科技人员近 1 000 万人，这就为经济的发展创造了极其有利的条件。

（二）教育为社会输送生产和技术管理人才

在现代生产中，生产管理和技术管理工作的重要性越来越明显。科学的管理能提高产量和质量，发展生产力离不开管理现代化。据有关专家估计，在我国现有物质条件下，实行科学管理，就可以提高生产力 1/4 以上。国外早已重视管理人才的培养，在许多大学中都设有经济管理系科。我国近几年来也注意到这一点，在不少大学设有经济管理、工程管理等专业，为企业和管理部门不断输送管理人才，有效地提高了生产管理和技术管理水平，从而促进了生产力的发展。

（三）教育为社会训练熟练劳动力

马克思指出："劳动生产力是由多种情况决定的，其中包括工人的平均熟练程度。"① 当劳动者还没有任何生产知识和劳动技能时，他只是一种可能的劳动力。作为生产力因素之一的人，是具有一定的生产知识和劳动技能的人。劳动者的生产知识越丰富，劳动技能越高，生产技术越熟练，他的生产能力也就越强，所创造的价值也越多。而这种熟练劳动者的培养和训练，则必须依靠教育。教育可将简单的劳动力培养成为具有专门知识和技能的劳动力，使非熟练劳动力变成熟练劳动力。

（四）教育部门为社会提供现代科学技术

马克思早已说过："生产力里面包括科学在内，"② "劳动生产力是随着科学技术的不断进步而不断发展的。"③ 先进的科学技术可以提高劳动生产率，节省原材料、燃料和劳动力，增加资金和能源等。现代生产的特征，就是现代科学技术在生产上的广泛应用。现代竞争主要是人才和技术的竞争。教育部门特别是高等学校，集中了相当多的各种专家和工程技术人员，经常为社会提供大量的科学思想和生产技术。同时，教育又是将现代科学技术引入生产的桥梁。现代科学技术在生产上的

---

① 马克思恩格斯全集：第23卷［M］. 北京：人民出版社，1972：53.

② 马克思. 政治经济学批判大纲：第3分册［M］. 北京：人民出版社，1963：350.

③ 马克思恩格斯全集：第23卷［M］. 北京：人民出版社，1972：664.

应用，对原有劳动力提出了更高的教育和培训要求，新兴工业部门的建立，要求教育部门帮助培训劳动人员，使其掌握新的生产技术。因此，不能依靠教育的发展来提高劳动者的科学知识和技能，科学技术在生产上的应用将成为一句空话。

（五）教育促进社会主义精神文明的建设

社会主义精神文明建设对生产力的发展起着重要的推动作用。社会主义精神文明建设包括两个方面的内容：一是以科学、教育为核心的文化建设；二是思想建设。两者紧密地联系在一起，共同作用于生产力。一个社会主义劳动者，不但应当具有较高的科学文化素质，而且应当具有较高的思想素质。只有这样，才能正确处理目前利益与长远利益、局部利益与整体利益、个人利益与集体利益的关系，才会具有社会主义主人翁的责任感。教育对劳动者进行马克思主义理论教育，共产主义思想教育，道德品质教育，党的路线、方针、政策的教育，以提高劳动者的思想水平，使他们成为有理想、有道德、有文化、有纪律的人，从而更好地调动他们为现代化建设而工作的积极性和创造性，促进社会生产力的发展。

现代学校教育制度的产生和发展为工业化商品生产培养了大量的实用性和应用型人才。其标准化的意义在于其按照各专业化的要求实现集约化、规模化和高效化的人才培养，满足商品生产社会广泛、大量的对实用性和应用型人才的需求。学校教育制度为以往的商品生产社会做出了巨大的历史贡献，也正在为当今的商品生产社会做出巨大的历史贡献，也必将为今后的商品生产社会做出巨大的贡献。只要有商品生产社会存在，就会对实用性和应用型人才有需求，学校教育制度就有其存在的价值。

现代学校教育制度的产生与发展，体现了上层建筑积极服务和反作用于经济基础，因而积极服务和反作用于生产力。即：同一时期的教育 $\xrightarrow{\text{服务于}}$ 生产关系 $\xrightarrow{\text{服务于}}$ 生产力。

不同的人类社会时期的教育也一样，都要积极服务和反作用于经济基础和生产力。

第三节 现代学校教育制度的产生与发展

（一）现代学校教育制度的产生

工业化导致的社会化大分工产生了各行各业，需要大量的有专业化技能的劳动力。为满足不同行业对劳动力的大量需要，教育就自然地按照不同行业对劳动者要求的知识、技能等制定其教育的目标、内容、形式等，也就自然会根据不同行业对劳动者或者说产业工人的专业化要求，制订出不同专业的人才培养目标、教学方案、课程内容等专业计划。为了满足不同行业对专业化人才的大量需求，实现其高效化、规模化与集约化的人才培养，教育自身也需要专业化发展，即：专业的人做专业的事。为完成这样的目标与任务，只能将原本应成为手工业劳动者或者从手工业劳动者中解脱出来的人集中起来，按照各种专业化的要求，进行集约化、规模化和高效化的教育和培训。由此，现代意义的学校教育模式开始产生，经过不断的发展、完善而成为适应其生产力发展要求的现代意义的学校教育制度。

(二) 现代学校教育制度的发展

1. 学前教育

过去，学前教育不被视为一种正规教育，一般不纳入正规学校教育制度系统，其发展也慢。近几十年来，学前教育得到了很大重视，也有了很快的发展。一是幼儿教育的结束期有提前的趋势，提前到了 6 岁或 5 岁；二是加强了小学和幼儿教育的衔接，有的把幼儿园的大班作为小学预备班。苏联各国之所以普遍重视学前教育，主要是因为教育心理学和生理学研究表明，5 岁以前是儿童智力发展的关键期。这个结论，对于世界性的智力开发、人才开发浪潮无疑起了理论指导作用。可以认为，学前教育是重视智力开发浪潮的有机部分。

2. 义务教育

在全球范围内，除少数国家外，绝大多数国家都已实施义务教育，而且义务教育年限在逐渐延长，发达国家的义务教育已达到初中和高中阶段。延长义务教育年限的主要原因是，经济、科技的迅猛发展对人的素质要求更高，要求国民有更高的科学文化水平。国民素质普遍提高了，国家才有更强的竞争实力。

3. 职业技术教育

中等（职业技术）教育一方面同高等教育相联系，另一方面同劳动就业相联系；同时由于经济发展对劳动者素质的要求提高，因而使中等教育多样化，发展职业技术教育、调整中等教育结构已成为各国共同的课题。在发达国家，职业技术教育已占了很大比重。在加强职业技术教育的同时，也有加强普通教育的趋势。这是因为当代高新技术的发展，相应地要求具有较专业的科学文化知识，所以在发达国家，职业技术教育或与普通高中相融合，或有推迟到普通高中之后的趋势。总之，职业教育在当代有两个特征，一是对科学文化技术基础的要求越来越高，二是职业教育的层次、类型多样化。

4. 高等教育

19 世纪至 20 世纪初的高等教育是教育的金字塔，与生产实际联系不紧密，而且一般都是四年制本科。第二次世界大战结束后，高等教育有了很大的发展，与生产实际联系日益紧密，现代生产和现代科技要求高等教育培养各级各类高级人才。因此，推动了高等教育结构的变化，一是层次增多，如专科、本科，硕士、博士；二是类型增多，不仅限于高科学、高文化的科系，还出现许多与生产、科技和社会生活紧密联系的新科系。

5. 终身教育

现代生产与现代科技的迅猛发展，结束了一次性教育即可享受终身的历史，于是“回归教育”“终身教育”“成人教育”“创造教育”就被提上了教育发展的日程，从而函授教育、业余教育、广播电视教育、企业内岗位培训、夜大学、老年人大学、开放大学等教育机构也得到了广泛的发展。这些教育机构具有开放性、不脱产性及与生产、生活紧密联系的特点。

总之，现代学校教育制度由初始单一的普通学校教育制度，一方面面向学龄前（幼教）和学龄后（成人教育、终身教育）延伸发展；另一方面面向与生产生活紧密联系（职业教育）发展。事实上，在当代，现代学校教育制度已是包括幼儿教育机构、学校教育机构和成人教育机构在内的，既进行普通文化教育又进行综合职业技术教育的全部施教机构系统的总和。

第四节 传统学校教育模式的缺失

从学校教育制度的产生、发展以及学校教育制度的目的可以看到，这种以往的学校教育制度都执行统一的人才培养目标和规格、统一的教学课程计划、统一的课程内容、统一的教学行为、统一的考核方式等，具有其统一的特质，其核心是人才培养的标准化，具有浓郁的工业化生产烙印和文化。也就是说，学校就像工厂一样，不同专业培养出来的人才就像工厂流水线生产出来的商品一样，具有统一的标准和规格，其标准化的意义在于其按照各专业化的要求实现集约化、规模化和高效化的人才培养，满足商品生产社会广泛、大量的对实用性和应用型人才的需求。这种标准化的大规模培养人才的思想应该来源于工业化大规模生产的形式。

但是，工业化大规模生产形式是在原材料标准化或者是将原材料加工达到标准化的前提下才能实现的。而教育培养的是人，每一个人都是不相同的，就目前生理学家和心理学家对人的研究而言，都承认每一个个体的人在生理遗传和社会环境方面的差异，即承认人的个体差异性，表现在学习过程中就是学习能力的个体差异性。也就是说，传统学校教育的标准化流水生产线模式的原材料是非标准化的，即使我们在入学考试时经过筛选，我们的培养标准是按照筛选的最低标准设置的，这最多也只能说明在入学时是标准的，而学习能力的差异性在学校学习过程中是无法排除的。这就是传统学校教育模式中对学习者学习能力的差异性的设计缺失。除此之外，学校学习过程中的人不是工业生产流水线上的物，他（她）们有思想、情感，社会环境方面的各种因素都将对其产生影响，如：社会的需求、个人职业规划、环境及条件的改变等各种社会环境因素都会对受教育者在学校学习过程中产生影响而导致学习行为改变。这种改变我们无法预知，可能千差万别，对这些改变，传统学校教育模式也没有更多的办法，只能听之任之。这也是传统学校教育模式设计中的缺失。

上述传统学校教育模式设计中两个方面的缺失，我们把它叫做传统学校教育模式设计中对学习者个性化学习要求的缺失。具体来讲，这种缺失集中表现在教育上缺少多元的发展途径和评价体系。具体表现为如下几个方面：

（一）教学目标的单一性和规约性

1. 教学目标的单一性

现行教学模式只有单一的教学目标——知识目标。而我们现行的教学目标是三维目标，即：知识与能力；过程与方法；情感态度与价值观。但三者并不是严格分割开的三个独立的教学目标，而是一个教学目标的三个方面。理论上而言，三维目标是比较科学的。

知识与能力目标：主要包括人类生存所不可或缺的核心知识和学科基本知识。实现该目标需要的基本能力包括获取、收集、处理、运用信息的能力，创新精神和实践能力，终身学习的愿望和能力。

过程与方法目标：主要包括人类生存所不可或缺的过程与方法。其中，过程是指应答性学习环境和交往、体验。方法包括基本的学习方式（自主学习、合作学习、探究学习等）和具体的学习方式（发现式学习、小组式学习、交往式学习等）。

情感态度与价值观目标：情感不仅指学习兴趣、学习责任，更重要的是乐观的生活态度、求实的科学态度、宽容的人生态度。价值观不仅强调个人的价值，更强调个人价值和社会价值的统一；不仅强调科学价值，更强调科学价值和人文价值的统一；不仅强调人类价值，更强调人类价值和自然价值的统一，从而使学生内心确立起对真善美的价值追求以及人与自然和谐可持续发展的理念。

但是，在实际教学中，三维教学目标却只是一个摆设而已。学生确实掌握了大量的书本知识，但这些知识却只给学生构建了考试的过程与方法、考试的情感态度与价值观，只给学生构建了考试的能力。所以，我们教的不是学生，而是考生。老师为考试而教，学生为考试而学。知识目标"唯我独尊"，而人格目标、情感目标却被尘封在教师的教案里；知识目标大行其道，而价值观目标完全缺失。学生没有任何选择的余地，缺乏多元的发展途径。

2. 教学目标的规约性

在以往的教育模式中，学校每年都在评选优秀园丁。诚然，教师的辛苦劳动毋庸置疑，把他们比喻成园丁无可厚非。但园丁在做什么样的工作呢？施肥、浇水……花草树木是长茂盛了，但必须得整整齐齐。只要有冒尖的花草、枝丫，都会被园丁给"咔嚓咔嚓"剪掉……老师们也在干着相同的事情，用知识把学生浇灌，但你在课堂上得规规矩矩，得整齐划一，得合群，不得有个性化表达，不得调皮捣蛋……严格限定课堂教学目标，限制了课堂教学丰富的动态生成性。学校简直变成了标准化的生产车间，学生变成了标准化生产的产品，而非思想活跃、性格鲜明、意志坚定、人格完善的个体。

如今已是 21 世纪，显然，这样的教育模式是退步的。以史为鉴，早在春秋、战国时期，我国大教育家孔子就提出了"因材施教"的教育思想。而我们现在用标准的大纲、标准的教材、标准的评价、标准的考试规范大家，不管教学的对象是否存在差异，完全漠视学生的个体需求……社会是进步了，我们的教育却越来越落后了。

（二）教学过程的专制性

教学过程是教学活动的启动、发展、变化和结束在时间上连续展开的程序结构。人们对教学过程的认识，经历了漫长的历史发展过程。随着时间的推移和研究的深入，人们逐渐认识到教学过程的复杂性和多元性，教学过程不仅是认识过程，也是心理活动过程、社会化过程。因此，教学过程是认识过程、心理过程、社会化过程的复合整体。但是，纵观整个教学活动，教学内容是确定的，即课本知识；教学目的是确定的，即考试；评价方式是确定的，即考试分数……这让我们的教学过程变得单一而纯粹：教师讲得清清楚楚，学生听得明明白白，最终就为了求赢——学生赢得成绩；学校赢得声誉；家庭赢得后代的“鱼跃龙门”；社会赢得一群考生。单一的思维和需求导致了单一的选择。以求赢的目的谈论教育学与成功学，窒息了学子的心灵，使他们大都丧失了学习的兴趣，以考试机器的面目度过人生最美好的年华。

在这样的教育模式下，学生要走的只是一个程序化的过程，一个只想采撷果实即毕业证的行为艺术的过程。而在这个过程中，学生没有选择的权利，不管愿意与否，只能被动地接受。对绝大多数学生来说，他们从未完整地发展过，从未获得过教育的滋养。他们无暇顾及自己身心的成长，鲜有时间培育自己的情感和想象力，从而确立安身立命的价值观。目标在前，没有当下。教育把孩子与自己的生命割裂开，把他们与生活和广大的世界隔离开，他们在死寂的环境里“记住一切有可能在考试中出现的东西”，更遑论学生的社会化了。这样的教育，培养不出社会需要的人才。

（三）发展途径的单一性

现实中，有的人通过高考进入了大学，以往紧张的学习环境不复存在。很多学生进入大学后开始放纵自己，沉迷于游戏，不思进取，甚至被勒令退学。他们无疑是考试的胜利者，却不是人生的胜利者。

事实上，我们当前的教育已经脱离了教育的本质。学校里除了教授学生考试的知识外，其他方面的教育都只停留在口头的说教上，这样的教育效果是非常低下的，甚至可以说没有任何效果。所以，我们读小学的发展目标就是考上一个理想的初中，读初中的发展目标就是考上一个理想的高中，读高中的唯一目标就是考上一个理想的大学。以往的教育模式教的不是学生，而应该叫做考生。老师为考试而教，学生为考试而学。单一的发展目标限制了学生多方面发展的潜能，只是培养了一个个毫无差别的“考霸”。

（四）评价体系的单一性

1. 评价内容单一，缺少广泛性

科学、客观的学生评价体系应包括德、智、体、美等多方面内容，评价工作应紧紧围绕这些方面，运用科学的方法对学生的学业、技能、身心发展、想象力、价值观等进行系统的价值判断。但在实际的评价工作中，现行的教育模式几乎只以学生成绩的高低来衡量，很少考虑其他评价指标。例如，学生的创新精神和实践能力如何。学校很少关注学生的创新意识如何养成，可否培养，更没有这方面的评价指标和方法。

2. 评价方式单调，缺少科学性和多样性

一是注重终结性评价，忽视过程性评价，只注重考试结果，对学生学习过程的评价缺失。二是注重数量评价，忽视质量评价。这主要体现在作业上，巨大的作业负担给孩子造成很大的压力，也不利于孩子的全面发展。很多高中的高升学率是靠政策倾斜（高分录取）和高强度的训练支撑起来的，这个过程中有很大一部分学生是被“弄残（发展不全面）”了的。三是注重学业评价，忽视学生人格完整性。现行教育模式对质量的评价方式研究不够，过于重视学生的考试成绩，质量评价只关注简单的教育现象，而忽视了学生作为一个人的成长的人格完整性，如他的身心发展是否健康、人格是否完整、价值观是否扭曲，等等。

（五）评价程式化，忽视评价工作的改进和激励功能

在评价过程中，学生处于被评价的地位，学习的积极性得不到很好的保护，主观能动性得不到很好的发挥。我们常常要求学生遵守规章制度，在学习、作业、行为等方面往往是统一要求，缺少一个科学、民主的环境。学生疲于应付考试，在评价过程中根本没有发表自己意见的机会。

第五章　选课制、学分及学分制的产生

选课制、学分及学分制的产生有其生产力发展要求的客观必然性，也是学校自身探索解决学习者个性化学习要求的努力结果之一。

第一节　选课制的产生

人类社会以蒸汽机的发明为标志，开始步入工业（机械）化社会，机械的广泛应用推动着社会化大分工，之后，发电机的发明及广泛应用，进一步推动了生产力向前发展，工业化社会进入了电气化时代。1946 年 2 月 14 日，由美国军方定制的世界上第一台电子计算机 ENIAC（埃尼阿克）在美国宾夕法尼亚大学问世，表明电子计算机时代的到来，标志着人类社会跨入了信息化时代，社会分工不断细化。伴随着这一发展过程，社会生产力及生产关系不断发展，要求教育为其培养的劳动者即学校培养的人才，不仅要有专业性的知识和能力，更进一步要求在具有专业性的知识和能力的基础上，还要具备专业方向性的知识和能力，比如会计专业可能还分工业会计、商业会计等其他会计方向，数学专业分为理论数学和应用数学方向等。这些同专业基础的学习者，他们的专业基础相同，而专业基础上的方向不同，客观上要求学校教育要分方向执行教学计划或在专业基础相同的前提下制订分方向的教学计划。至于这些同专业基础的学习者中，哪些应该选择什么方向，则由社会环境需求因素和学习者个人的情感、爱好、职业规划等因素决定。这些社会及个人的因素，都是多种多样及复杂的，我们对此不能一一分析与把控，只能把它归纳为社会环境和个人两方面的因素。正因为它的不可把控性，也就只能将选择权交给学习者本人，由学习者自己决定方向性的选择，这就是选课制的雏形。随着社会生产力及生产关系的不断发展、社会分工的不断细化、对劳动者（人才）知识能力结构的不断细化，决定了学习者自己决定选择的知识内容、课程也越来越多，传统意义的学校教学计划的强制性逐渐弱化。为了适应这样的客观现实和社会发展的要求，更广泛地满足学习者个性化学习的要求，传统意义的学校根据自己的实际情况逐步建立和丰富了与自己相关的选课制度，我们把这些选课制度统称为选课制。

第二节　学分及学分制

学分及学分制的产生与选课及选课制是密不可分的，也就是说学分及学分制的产生的内在原因是选课及选课制产生后的必然要求与结果。当传统意义上的学校教育为了适应社会生产力及生产关系的发展，从一定程度上满足学习者的个性化学习要求，建立符合实际情况的、相应的选课和选课制的过程中或者选课制建立后，将必然出现如下情况，就是不同的学习者所选课的相关知识内容不同，导致不同学习者所学习内容的难易程度不同，要求也不同。在学校实际管理过程中，如何将不同知识内容的学习行为及结果进行比较呢？这是一个困难的事情，因为不同的知识内容在没有统一的衡量标准的情况下，我们无法进行比较。必须找出不同的学习者的不同学习行为及结果的相同的地方、内涵一致的方面，这样才能对其相同内涵进行比较。那么，不同的学习者的不同学习行为及结果的相同的地方、内涵一致的方面是什么呢？不同学习行为及结果的共同特征是都需要花去学习时间。我们假设每个学习者的学习行为都是完全有效的，他们对不同的知识内容的学习时间是可以进行比较的，越难的知识内容应该花去更多的学习时间。因此，也就将有效的学习行为及结果所耗费的时间确定为不同学习者对不同知识内容学习行为及结果的比较标准，因为是由学习行为而产生或者得到的分数，自然也就将其称为学分。

在“学分”这一概念的基础上，我们不仅可以对不同学习者对专业方向性选择的不同知识内容、课程的有效学习行为及结果进行比较，我们还可以扩展到对所有知识内容、课程的有效学习行为及结果进行比较，在此基础之上逐步建立以学分为主要对象，对学习者的有效学习行为及结果进行管理的相关制度，我们统称之为学分制。

由此，我们可以看出，不论是从选课到选课制，再到学分及学分制的产生，都是社会生产力及生产关系发展的必然要求，是传统意义的学校教育反作用并积极服务于社会生产关系及生产力的必然结果，也是传统意义的学校教育积极探索解决学习者个性化学习要求的必然产物。同样，我们也可以看出，一定是在社会生产力及生产关系最发达的社会，才能有选课到选课制再到学分及学分制的产生。如此也就不难理解，最早的学分及学分制产生于美国的哈佛大学。

学分及学分制产生后，大学特别是较先进的大学纷纷仿效，采用学分制对学习者的学习行为及结果进行管理，说明学分制必然具有其先进性。学分制的先进性到底是怎样的呢？或者说，为什么较先进的大学要纷纷仿效实行学分制？我们知道，学分及学分制的产生，是社会生产力及生产关系发展的必然要求，是传统意义的学校教育反作用并积极服务于社会生产关系及生产力的必然结果，也是传统意义的学校教育积极探索解决学习者个性化学习要求而产生的。其内在的原因是：在工业化社会发展的初期，由于生产力发展水平还相对较低，社会生产力及生产关系对学校教育的要求还是培养大量的具有专业知识、技能的实用性或应用型劳动者，对应于传统学校教育的流水线方式培养大量的标准化的人才。随着新生的生产力的不断增加与发展，商品生产与经济的竞争加剧，导致生产能力规模之间的竞争加剧，而当生产能力规模总量达到或超过社会总需求之后（产能过剩时），商品生产与经济的竞争就逐步地从生产力规模与数量的竞争转向商品生产与经济的质量及新型商品（新一代商品）的研究、开发及创新的竞争。而商品生产与经济的质量及新型商品的研究、开发及创新，都有赖于新的知识与技能，新的知识与技能又归结为科学、技术的进步与发展，新的科学、技术的进步与发展最终要落实到掌握这些新的科学与技术的人即研究型和创新型的人才身上。到此，可以认为：随着生产力及生产关系的不断进步与发展，到一定的历史时期，必然会向教育提出培养研究型和创新型人才的要求。而传统的学校教育的标准化流水线式培养大规模实用性应用型人才模式已不能满足这一社会要求，这时学习者个性化学习的要求也就明显突出为主要矛盾，迫使学校寻求解决这个矛盾的有效办法。而从选课与选课制到学分与学分制的产生本身就是为了解决学习者个性化学习要求为目的的，自然地，学分制管理人才培养模式就成了各高校纷纷仿效和采用的管理模式。因此，学分制的先进性体现在：相对于传统的学校学期制、课程制的流水线、标准化、统一化的人才培养模式，学分制人才培养模式极大程度地解决了学习者的个性化学习要求。之所以说是极大程度地解决了学习者的个性化学习要求，是限于在学校自身条件和能力范围之内，最大限度地解决了学习者自身的学习能力的差异与社会环境条件要求的差异，即极大程度地满足学习者的个性化学习要求。至少在学校内部，学习者可以根据自身的学习能力多选或少选课、提前或推迟毕业，跨专业、跨学科选课、实现学习者知识结构的差异化和增进学科间知识融合，有利于学校根据生产力及生产关系发展的社会要求，对研究型创新型人才的培养。这也是现代先进性大学提出建设研究型和创新型大学的内在要求与内涵。大学要推进学分制人才培养模式源于学分制本身的先进性。

就学分与学分制的产生而言，来源于传统学校教育的学期课程制，相对于生产力及生产关系较发达时期来看，有其先进性。但我们不能因为其先进性而完全否定传统学校教育模式的学期课程制的价值，因为从形式与内容来看，学分制包含了学期制的形式和内容，学期制是学分制的一种特殊情况，在满足学习者的个性化学习要求进行选课的前提下，选课结果是可能与原学校的学期制安排重合的。学分制是学期制的自身发展、丰富与完善。这是从学分制的产生、形式及内容的角度看。而究其本质，只要有商品生产或者说商品社会存在，就有对大量的实用性、应用型劳动者即实用性、应用型人才的需要，对学校教育而言，就有标准化、流水线大量培养实用性、应用型人才的需要。同时，由于生产力及生产关系的发展，导致商品生产的竞争加剧，从而对研究型创新型人才培养需要。这也正体现了生产力的发展，推动社会分工的细化，对学校教育模式的进一步细化提出要求。这也正是当今大学出现向研究型创新型大学与实用性、应用型大学分化发展的内在原因。

第三节 学分计量

在讨论了传统学校教育的选课与选课制、学分与学分制的产生、发展及其内在原因后，下面将继续讨论学分单位及学分数是怎样确定的，即学分的计量问题。

通常，在早期的传统学校教育模式里，教学计划是按照学期来安排课程即学习内容的，每学期教学 18 周，加上复习、考试，一共 20 周。如表 5.1 所示。

表 5.1　××级会计学专升本教学计划

学期	课程名称	课程类型	考核方式
第一学期	大学英语（二）（上）	专业基础课	考试
	计算机应用基础	专业基础课	考试
	经济学原理	专业基础课	考试
	经济应用数学（二）（线性代数）	专业基础课	考试
	会计学基础	专业基础课	考试

表5.1(续)

学期	课程名称	课程类型	考核方式
第二学期	经济法	专业主干课	考试
	大学英语（二）（下）	专业基础课	考试
	经济应用数学（三）（概率论）	专业基础课	考试
	社会主义市场经济理论	专业基础课	考试
	法律文书	文化素质课	考试
	管理经济学	专业拓展课	考试
第三学期	保险财务会计	专业主干课	考试
	财务报表分析	专业主干课	考试
	财务管理	专业主干课	考试
	管理会计	专业主干课	考试
	学位英语	文化素质课	考试
	Excel 在经济中的应用	专业拓展课	考试
第四学期	审计学	专业主干课	考试
	税法	专业主干课	考试
	资产评估	专业主干课	考试
	战略管理学	专业拓展课	考试
	组织行为学	专业拓展课	考试
第五学期	毕业论文	社会实践课	单独考核

假如在教学计划中，有一门课程会计学基础（也可以是线性代数或者其他任何课程）的学习内容，每周安排 4 学时，教学 18 周，通过复习、考试合格，记录成绩，就结束了这门课程的学习。

如果按照学分制管理，教学计划如表 5. 2 所示。

表 5.2　　　××级会计学专升本教学计划

要求必修学分：90 分

学期	代码	课程名称	课程类型	学分	考核方式
第一学期	2015	大学英语（二）（上）	专业基础课	3	考试
	2057	计算机应用基础	专业基础课	5	考试
	2064	经济学原理	专业基础课	5	考试
	2065	经济应用数学（二）（线性代数）	专业基础课	3	考试
	2071	会计学基础	专业基础课	4	考试
第二学期	2063	经济法	专业主干课	4	考试
	2016	大学英语（二）（下）	专业基础课	3	考试
	2066	经济应用数学（三）(概率论)	专业基础课	3	考试
	2092	社会主义市场经济理论	专业基础课	4	考试
	4020	法律文书	文化素质课	4	考试
	2037	管理经济学	专业拓展课	4	考试
第三学期	2002	保险财务会计	专业主干课	4	考试
	2009	财务报表分析	专业主干课	4	考试
	2010	财务管理	专业主干课	4	考试
	2036	管理会计	专业主干课	4	考试
	4024	学位英语	文化素质课	4	考试
	2001	Excel 在经济中的应用	专业拓展课	4	考试
第四学期	2093	审计学	专业主干课	4	考试
	2099	税法	专业主干课	4	考试
	2138	资产评估	专业主干课	4	考试
	2125	战略管理学	专业拓展课	3	考试
	2139	组织行为学	专业拓展课	3	考试
第五学期	1021	毕业论文	社会实践课	6	单独考核

同上，合格的学习者将获得会计学基础这门课程的4个学分。我们可能会问：学习者获得的学分为什么是“4”学分？而不是其他数字的学分？这个“4”是怎样来的？要回答这个问题，我们先来分析一下：

这个问题涉及学分的单位是如何确定的。这就像我们要确定各种度量衡的单位一样：我们把多重的东西规定为1千克，把多长的距离规定为1米等。有了单位，就可以对具有共同性质的东西进行度量，如我们规定长、宽、高各为1米的正方体为1个立方米后，我们就可以用这个单位对物体的空间大小进行测量；我们把1 000米规定为1千米，就可以测量从北京到各大城市的远近等。学分的单位确定与传统的学校教育模式有着密不可分的关系，因为在传统的学校教育模式里，一般是按一学期来安排课程即学习内容的。一学期有18周，加上复习、考试，一共20周。在这个前提下，假如在学校的教学计划中，某一部分知识、技能的学习内容，经过大量的教学实践证明，必须而且刚好每周安排1课时，通过18周的学习及复习、考试各1周，才能完成教和学的目标任务，如果我们将这种情况规定为：考试合格就获得1个学分，也就是通过20学时的有效学习行为的结果，就可以获得1个学分。那么，我们就定义了一个学分的单位，即：20学时的有效学习行为的结果为1个学分。或者说，1个学分的标准是：20个学时的特定知识、技能内容的有效学习行为结果。这个定义是以传统学校教育模式的行为习惯来定义的，因为是固有的社会行为习惯，所以社会能够自然地接受和公认这个定义。当然，也可以另行定义 30 学时、40 学时等其他有效学习行为的结果为 1 个学分单位。如美国的有关组织也定义 120 小时的有效学习行为结果为 1 个学分，或者其他数字，但大家不太习惯。其实，规定多少时间的有效学习行为结果为 1 个学分，本质上是一样的，关键的是单位的统一性，就像我们计算时使用的进位制一样，可以是 2 位进位制，可以是 8 位进位制、10 位进位制或 16 位进位制等。但我们平时使用的是 10 位进位制，因为大家已经习惯，使用起来感到方便，一般情况下也就没必要再使用另外的进位制了。当我们定义了学分单位后，我们就获得了一种对学习者在学习活动中的学习行为的学分考核量化的方法，通过对学习者在学习活动中的有效学习时间进行考核，对应获得相关学分数。即：相关知识内容的学分数 = 某一部分特定的知识、技能内容的有效学习行为所耗费的时间/20 学时。

在前例中，我们将一学期学习行为所耗费的总学时 4 课时/周×20 周 = 80 学时视为对应的有效学习行为时间，也就不难理解会计学基础课程的学分数为什么是 4（即 80/20）学分的问题了。

如果我们将学习者的学习行为等同于商品生产过程中劳动者的劳动行为，那么学习者通过学习行为获得的学分就等同于商品生产中劳动者通过劳动获得的工资，这种获得学分的方法，也就类似于商品生产过程中实行的计时工资制的方法。在此基础上，我们可以进一步将已知的一些相对基础的知识、技能对应的学分相对固化，获得更直接的考核有效学习结果的方法，即是用学分单位这把尺子，直接去测量学习者的有效学习结果的方法。比如，我国特有的自学考试以及驾校、技能性的实操测试等项目学习。这类考核不具体计较学习者学习时间的长短，只考核有效学习行为的结果，类似于商品生产过程中实行的计件工资制的方法。只要学习者完成或者达到相关要求，就可以获得与之相对应的学分。因此，对应于商品生产劳动者工资报酬方式根据实际情况选择计时工资或计件工资一样，在基于学分单位认识的基础上，在学分的认定（计量）方法上将根据不同情况选择相对合理的方法。

归纳学分（计量）的获得或者认定，传统形式大体上有以下三种方式：

第一种方式是在学校的教学计划中，某一门课程或部分的知识内容规定在一定时间区间内的学习行为完成后，通过考试检查其有效学习结果。如果合格便获得或认定其相应的学分。如前例中的基础会计学课程为 4 个学分。这类学分的获得或者认定，既要考核其学习行为的时间，又要考核其有效学习结果，有的还要求平时成绩与课程考试成绩合并计算为课程的总成绩。这是过程性考核与终结性考核相结合的考核认定方式。

第二种方式是不考虑学习行为的时间，只检查其有效学习结果，即只采取终结性考核的认定方式。如在我国特有的自学考试中，在专业考试计划中，同样是基础会计学，规定为 4 个学分。不管学习者的学习行为有多少学时，只要考试达到 60 分以上，即认可其有效学习结果合格，获得相应的 4 个学分。通常情况下，水平性考试均属此方式，如职称考试、学位外语考试、英语等级考试等，都只进行终结性考核，根据对应的结果都可以认定其相应学分。

此种终结性考核还有一种形式是技能类考核，典型的有汽车驾照考试，即只要在实际操作中达到要求，即可获得或认定其有效学习结果，可以获得相应的学分。凡实际操作性、技能性的考核均属此类型。

此种终结性考核的认定方式，从理论上讲还应该并可以延伸到对论文、文章、发明、创造、著作等相关知识、技能的学分认定。

第三种方式是只考核参加学习的过程（或者时间），不考核学习行为的有效结果，即只对过程（时间）进行考核，没有对学习行为有效结果的终结性考核。例如会计人员的继续教育学习，各种培训、会议等。这种学分认定的方式，由于没有对学习行为有效结果的终结性考核，所以这种学分认定的方式应该在保证其有效学习行为的基础上，才是真实的、合理的，否则这种学分获得或认定的方式将只是理论上的一种方式。

总之，不同类型的学分获得或者认定，其本质都是检查学习者的有效学习行为的结果。学习者是否能获得相应学分，都是以社会有效学习时间或者说以社会平均有效学习行为结果所花费的时间为标准的。

第四节　学分本质、学分标准

毫无疑问，学分是学习者通过学习行为获得的，而学习者通过学习行为能获得的应该是知识和技能。那么，学分是获得的知识和技能本身吗？显然不是。一方面，我们没有必要将学习者通过学习行为而获得的知识和技能本身定义为一个新的学分概念；另一方面，学习者通过不同的学习行为获得不同的知识和技能，即有可能是相同的学分。这意味着这样的两部分知识和技能是一样的或者是相等的、可以互相替代的，而事实上，不同的知识和技能是没有可比性，也不能互相替代的，可见学分不是学习者获得的知识和技能本身。因此，一方面，我们可以肯定学分与学习者通过学习行为而获得的知识和技能有关；另一方面，我们又反证了学分也不是学习者通过学习行为获得的知识和技能本身。由此判断，学分应该是学习者通过学习行为而获得的不同知识和技能所共同具有的某种东西，即它们具有共性的东西。而学习者通过不同的学习行为获得的知识和技能所具有的共性——我们叫做“学分”的这个东西是什么呢？

为便于理解，我们先对比一下社会商品生产过程中的商品。我们知道：商品是用于交换的劳动产品，我们购买不同的商品，就是对不同的商品进行交换。之所以能将不同的商品进行交换，是因为不同的商品都具有价值这一共性。商品的价值由社会必要劳动时间确定，不同商品的价值表现为不同的价格，或者说不同商品的价值的抽象表现就是它的价格。商品交换要求等价交换。商品的价格用商品的一般等价物（量化单位）即货币来进行量化表示。对一般等价物的选择不同，量化得到的价格就不同，如一种商品以人民币和美元表示的价格就不同。

同样，如果我们把学习行为等同于一种劳动（事实上它就是一种劳动），把通过学习行为获得的知识和技能视为通过这种劳动而生产的某种产品，那么这些劳动获得的产品也应该有共性即价值，它们的价值抽象就应该是学分。或者说，学分是有效学习行为的价值抽象。根据劳动经济学的价值规律理论，商品的价值由社会必要劳动时间确定，对应于不同商品的价值抽象是不同商品的价格。由此可以得到结论：学分由社会必要学习时间确定，不同知识内容学习行为的价值抽象就是与这些知识内容相对应的学分标准，其表现形式为学分数。如果我们把社会必要劳动时间简单地理解为社会平均有效劳动时间，那么，对于特定的知识内容学分的标准就应该由社会平均有效学习时间确定。通过以上分析，我们可以归纳出以下论点：

学分是学习行为的价值抽象，由社会必要学习时间确定（或者由社会平均有效学习时间确定）。不同知识和技能的学习行为的价值抽象表现即学分数，而特定的知识、技能的有效学习行为与其对应的学分数的结合，就是其相应的学分标准（所有学分标准的总和就是学分标

准体系)。

由此可以看出学分数作为不同知识和技能有效学习行为价值抽象表现的价格，已经脱离了知识和技能本身，在其计量方式确定后，只是数字的大小不同而已。不同的知识和技能有效学习行为价值抽象表现的价格，可以是相同的学分数，比如：基础会计学这部分知识，学习者有效学习行为价值抽象表现的价格即学分数可能是 4 个学分，而理论力学这部分不同的知识，学习者有效学习行为价值抽象表现的价格即学分数也可能是 4 个学分。

当然，不同知识和技能有效学习行为价值抽象表现的价格即学分数，也可能是不同的。只要这些不同知识和能力没有内在的必然联系与相关性，学习者对它们的有效学习行为价值抽象表现的价格即学分数，就没有内在的必然联系而相互完全独立。如图 5.1 所示。

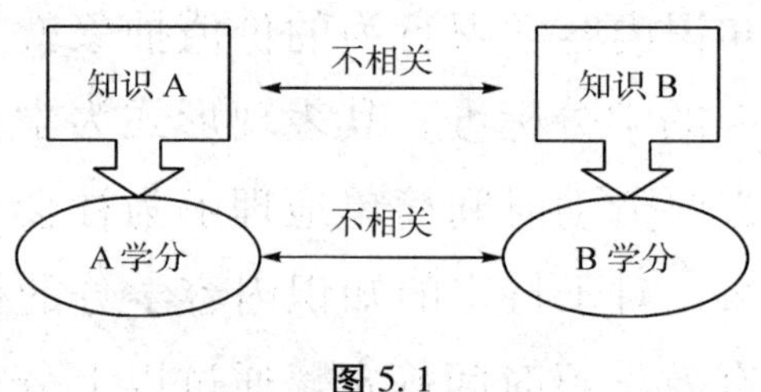

图 5.1

如果这些不同知识和技能有其内在的必然联系与相关性，则它们的学分数应与它们相互间的联系与相关程度而有对应的联系与相关的必然性。这种对应的联系与相关的必然性，在排除了前面相互独立的情况下，只能是包含或者相交的程度不同而已。

如果两部分不同知识、技能和能力的关系是包含的关系，那么被包含的那部分知识和技能的学分数，就应该是包含那部分知识和技能的学分数的一部分。即被包含的学分数内含于包含那部分知识和技能的学分数之中，显然被包含的学分数小于包含那部分知识和技能的学分数。如图 5. 2 所示。

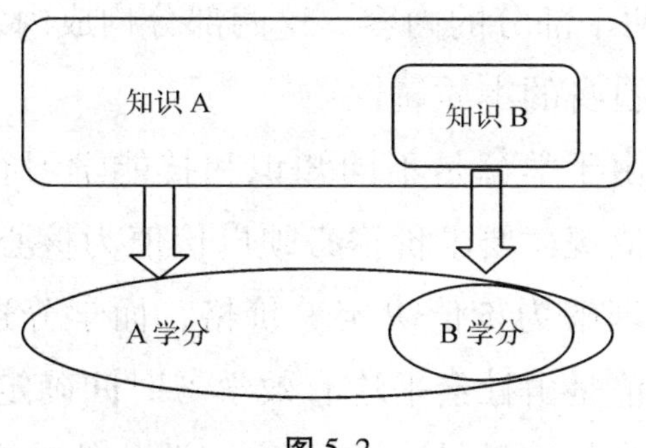

图 5. 2

如果两部分不同知识和技能的关系是交叉的关系，那么对应于交叉部分的知识、技能和能力的那部分内容的学分数是应该相等的，而非交叉部分的知识和技能应有其各自对应的、独立的学分数。如图 5. 3 所示。

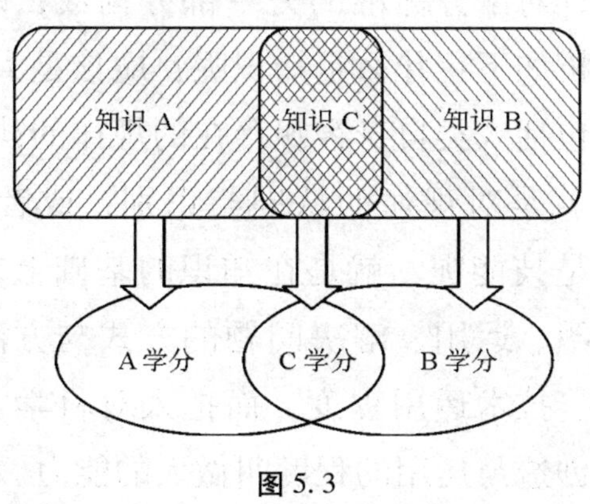

图 5. 3

对于学分标准而言，由于是特定的知识、技能和能力的学习行为与其学分数的结合，因此，学分标准与特定的知识和技能是密不可分的。脱离具体的知识和技能的内容，学分标准就无从谈起，不同的知识和技能对应着其自身特有的学分标准。

从学分标准的构成来看，分为“知识和技能”与“学分数”两个部分的内容。这两部分构成内容决定了学分标准有其自身的本质属性：

其一，由于学分是不同知识和技能学习行为价值的抽象，由价值规律要求价格必须以价值为核心波动来看，可以广泛地理解为价值决定着价格，而学分这一学习行为结果的价值是由社会平均有效学习时间确定的，因此，学分具有社会性。从这个意义看，学分的社会性自然成为学分标准的内涵。故此，学分标准本身具有其社会性。或者说，任何特定的知识和技能的学分标准本身就是具有其社会性的标准，这是从学分标准构成的内涵而得出的认识。

其二，针对学分标准的另一部分构成，即知识和技能，我们分析如下：什么是知识呢？应该是人类对自然、社会、文化包括人类自身客观存在的规律的认知和了解。简单来讲，就是对规律的认同与识别，或者叫做科学、文化。什么是技能呢？就是在知识的基础上，应用其原理创造、发明、运用、解决问题的方式与方法，或者叫科学、文化、技术运用程度，而把人对科学、文化的认知与技术的创造与运用的程度叫做人的能力。

如果我们把人类本身及其社会也看成是自然的一部分，我们认为自然乃至宇宙的存在是完美而和谐的，那是因为所有的存在与表象都是有其自身的客观规律的存在，不管人类是否认识到了这些规律，它都客观存在于那里。而自然的存在是无穷无尽的，大到宇宙，小到中子、夸克。所谓道法自然，各种自然的存在都蕴含着无穷的道理和规律，这就是我们把知识比作海洋的原因。因此知识是具有海量性的，由知识的海量性可以得到不同的学分标准就其数量而言也具有其无穷性。

其三，学分标准是知识和技能的有效学习行为与其对应的学分数的结合，而人类对知识的认知是不断进步和发展的，技能则是在知识的基础上，应用其原理创造、发明、运用、解决问题的方式与方法，或者叫科学、文化、技术运用程度。人对文化、科学、技术创造与运用的程度叫做人的能力。人类在知识的基础上，应用其原理创造、发明、运用、解决问题的方式与方法是在不断创新、创造、发展和提高的，导致人类对文化、科学、技术创造与运用的程度也在不断提高，因此人类解决问题的技能与能力也在不断创新、发展与提高的过程中，所以人类解决问题的技能与能力也在不断发展与提高之中。这就是知识和技能的不断运动、变化性，它决定了学分标准的不断运动、变化性。

无论学分标准的社会性、无穷性还是运动性都具有共同的本质特征，那就是它们都具有无限的性质，即学分标准的无限性。学分标准的社会性与运动性是其内涵的无限性的表现，而无穷性是学分标准无限性外延的表现。

因此，学分标准无限性具有的内涵与外延都决定了学分标准体系内容具有其无限性。它告诉我们，就不同知识和技能学分标准的确定工作而言，将是一项无限的、永无止境的工作。如果我们试图制定一套完善、完整的学分标准体系来覆盖所有的知识和技能学习，那将是理想化的，也是永远不可能达到的目标。这就是为什么到目前为止，无论国内与国外、东方与西方、落后与发达国家，都不可能有一套严格意义上的完整与完善的学分标准体系的根本原因。

即便我们能将所有的学分标准都制定出来，根据前面的分析可知，这样的学分标准体系也是呆板、僵化而不能适应现代社会快速发展要求的。更为核心的问题是：这样制定出来的各种知识、技能与能力的学分标准的准确性、合理性及有效性将无法保障。因为学分是由对应于特定的知识和技能的社会有效学习时间确定的，它是自然客观存在的东西，而不是由部分的人、机构、单位主观制定出来的，它是由全社会的平均有效学习时间确定的。不同学校、机构、部门对学分标准的制定，或者说固化，只能是根据其自身条件去认识它、顺应它、把它表现出来而已。这样的表现是否准确、合理及有效，将有待于社会的考验。就跟商品的价格一样，生产企业可以定价格，但价格是否准确、合理，要看能不能通过市场实现交换。通过市场实现交换的实质是通过市场交换实现其社会化的过程，也就是社会有效平均化，也就是劳动的社会必要化过程。学分标准也一样，学校也好、考试机构也好，可以根据自身情况规定不同知识与技能的学分，但规定的学分是否准确、合理、有效，必须通过社会有效平均化即学习行为劳动的社会必要化过程。

由此可以看出，要能够准确、合理、有效地解决不同学分标准，或者说建立学分标准体系，解决这个无限性问题，不能靠我们一个个地去制定相关的学分标准来解决，我们必须寻求一种有效而相对准确、合理地解决这个无限性问题的方法。就像数学分析里应用极限理论的方法去解决微分、积分、圆的面积、自然对数等无限性问题一样，而劳动经济学运用商品价值理论，准确、合理而有效地解决了商品价值标准这个无限性问题，或者说解决了商品价值标准体系这个无限性问题。

因为商品的价值是由社会必要劳动时间确定的，商品的价值具有其社会性，也就具有其无限性。就现代社会的商品种类而言，也可谓琳琅满目，具有其无穷性，同样具有其无限性。随着科学技术的进步与发展、生产力水平的提高，商品的价值也将不断运动、变化，也就具有其运动性，也导致商品价值标准的无限性。从商品的价值标准体系来看，对这个无限性问题的准确、合理、有效的解决，劳动经济学的做法并不是一个个地去确定每一个商品的价值标准，建立一套商品的价值标准体系，让全社会的商品生产出来后，按照这样的体系去确定它们的价值标准，标出其价格，再进行商品的等价交换，而是运用商品价值理论的方法，将不同国家、地区、企业的个别的、局部的商品价格，通过抽象的方式，将它们放到市场经济这个平台上，以商品交换的方式进行比较而实现社会化平均要求，进而达到商品价值的相对确定。解决商品价值标准体系无限性问题的方法，其实就是以广泛的极限思想解决无限性问题的方法。

同样，对于不同的知识和技能的学分标准体系，也就是对这些知识和技能进行有效学习所付出劳动、生产出的价值的标准体系即学分标准体系这个无限性问题的准确、合理、有效的解决，也可以采用劳动经济学运用广泛极限思想解决无限性问题的办法，达到解决学分标准体系这个无限性问题的目的。我们可以将不同地区、学校、考试机构的个别的、局部的学分标准，通过抽象的方式，将它们放到共同的平台上，通过互认的方式（即市场化的方式）进行比较而实现社会化平均要求，进而达到学分标准体系的相对准确、合理、有效的解决。只有这样来解决学分标准体系这个无限性的问题，才能够保证其相对准确、合理与有效。

这并不是否定各学校、考试机构制定出的某个部分知识和技能的学分标准或学分标准体系。相反，正因为学分标准体系的无限性，更要求各学校、考试机构等制定出与其相关的学分标准或学分标准体系并将其贡献于社会的统一平台上。

事实上，不同的学校、考试机构、办学单位都有其教与学及考试的相对内容的标准和要求，只是对这些教与学及考试的相对内容是否进行了学分化计量而已。有了这些教与学及考试的相对内容的基础，根据其自身条件（这里的自身条件是指与其相应的学习者学习能力及教学水平等环境的局部条件）对其进行学分化计量也就变得较为容易和可能。

目前，我国的实际情况是大量的高校与自学考试机构等都已经进行了学分制管理，根据相关课程涉及的相关知识、技能和能力制定出了相应的学分标准，这与学分标准的无限性并不矛盾。因为不同的高校、自考机构等制定的学分标准都是个别的、局部的，都是根据自身条件制定的，不具备完全的社会性。因此，其准确性、合理性和有效性有待考察。也正因为有了大量个别的、局部的学分标准，我们才可能通过抽象的方式，将它们放到社会的统一平台上、通过互认的方式（即市场化的方式）进行比较而实现社会化平均要求，进而达到学分标准的相对准确、合理、有效的确定，以解决学分标准体系这个无限性问题。这种解决学分标准体系的办法，本质上是完全按照劳动价值理论解决商品价值标准体系的方法，是符合市场经济规律的。因为学分是有效学习行为这种劳动的价值，学分（标准）数是学习行为劳动价值的价格，价格围绕价值波动，学分数围绕学分波动。

综上所述，针对学分标准引申而出的学分标准体系，由于其无限性，我们不可能追求或等待建立一套覆盖所有知识、技能和能力的完整或完善的学分标准体系，只能根据自身条件去顺应、表现与自身相关的知识和技能而制定出相应的学分标准，并将其贡献给社会的统一平台，进行学分标准的社会抽象，通过其市场化、社会化的互认与比较作用，实现其社会平均化要求，以保证学分标准确定的相对准确、合理与有效。

不是人为地建立一套学分标准化体系，否则将走向权威而形成垄断，必然导致呆板、固执、僵化等一系列恶果，而是科学地掌握一种相对准确、合理、积极、灵活、有效、动态的办法，能够适应社会不断发展的要求的科学方法。它可以根据社会的需要去制定相关的知识和技能的学分标准，对于社会不需要或现在不需要的相关的知识和技能就不用去或者暂时不用去制定它的学分标准，个别的、局部的需要，就由个别的、局部的机构提出其学分标准，通过其社会平均化要求，保证其相对准确、合理与有效。这就是学分标准制定的社会化或者市场化原则，即市场为王原则。

第六章　学分的概念及其应用

“学分”概念的产生是生产力发展的客观必然要求，是教育满足个性化学习需求的结果，学分制是教育对个性化学习行为的管理制度和方式。随着学分制的产生与发展，与之相关的学分的认定与获得、学分的互认与转换、学分的存储与累积、学分的使用与兑取等概念随之产生。下面对学分制的相关概念做进一步考察与认识。

第一节　学分的认定与获得

一、学分认定的本质

学分的认定是指教育管理机构对学习者的个性化学习行为结果的有效性认可，即对个性化学习劳动所创造价值的认可。它产生于学校教育制度对学习者的个性化学习行为及结果进行管理的学分制，其本质是学习者的有效学习行为结果这种劳动产品通过学分认定这种交换过程，实现其社会价值，实现学习者和社会对人力资本的投资。这是因为劳动生产出来的产品必须通过市场交换才能够获得其社会价值，这里的市场就是各种教育管理机构，如学校等机构，而交换就是学习者用自己的有效个性化学习劳动的结果与学分进行交换。通过这种交换，实现其社会价值，也就是学习者的个性化学习付出的这些学习劳动得到了社会的认可，具有了社会价值。如果学习者的学习劳动不通过教育管理机构进行学分认定这一社会的交换过程而不能获得学分这种社会价值，那么，这些个性化学习付出的劳动而凝聚的成果只能是产品，虽然它凝聚了有效学习劳动，但没有实现其社会价值，也就没有实现社会和学习者本人的人力资本投资，就不可能为社会和学习者本人带来人力资本投资利润回报。这就是为什么有识之士感叹从古至今有那么多饱学之士怀才不遇，“千里马常有而伯乐不常有”的内在原因。而现代科学的教育管理制度的建立，一定程度上就是要起到普遍性的伯乐职能，把学习者的有效个性化学习劳动成果通过学分认定的这种市场交换过程，实现其社会价值，实现社会及个人的人力资本投资。

二、学分认定与获得的过程

就具体的学分认定而言，是指具体的社会教育管理机构（如学校等），对学习者的某种有效个性化学习行为的劳动付给其学分工资这种报酬，即给予其一定数量的学分数。学分管理机构是学习劳动的购买方，付出学分数这种学习劳动的工资报酬，购买学习者的有效学习劳动。学习者是有效学习劳动的卖方，通过有效学习劳动的付出，获得一定的学分数这种学习劳动工资报酬。所谓学分认定是相对于作为买方的教育管理机构来说的。对应于学习者个人而言，学分的认定就意味着学分数这种学习劳动工资的获得。因此，学分的认定与学分的获得统一于社会市场交换这个过程，是相对于社会市场交换的买与卖的双方不同地位而言的，对于学习劳动买方的教育管理机构而言是学分认定，而对于学习劳动卖方的学习者而言则是学分的获得。

三、学分认定与获得的前提

要实现学习劳动买与卖的交换过程，是有前提条件的。

要实现有效个性化学习劳动与学分价值数的交换过程，首先是要有学习者的个性化学习劳动，也就是学习者个性化学习劳动的真实性和有效性。如果学习的个性化学习劳动根本没有发生，就谈不上通过交换而获得学习劳动的工资报酬的学分数，即没有有效劳动付出的卖，就不能有学分工资付出的买。因此，学习者的个性化学习劳动的真实性是学分认定与获得这一交换过程实现的前提之一。相对于教育管理机构而言，如果付出学分工资，就要购买到真实的学习劳动；对于学习者而言，没有真实地付出学习劳动就不能获得学习劳动报酬的学分，这是学分认定与获得的真实性前提。而不同的学习者个性化学习劳动的效率是不同的，有效学习劳动与学分进行交换时，学习劳动凝聚的结果与相应学分工资报酬的交换应该相匹配和适应，这是等价交换原则的要求。对于教育管理机构来说，就是教育质量的保证，或者说是教育活动的有效性。如果学习者的个性化学习效率不高，或者是教育质量不高，而获得了高于有效学习劳动价值的学分数，这将使学分价值贬值，使学习者和社会的人力资本贬值。因此，学习者个性化学习的有效性也是学分认定与获得这一交换过程实现的前提之一。学习者的个性化学习真实性包含在有效性之内，真实程度就是有效程度，完全不真实就是零有效。这是相对于学习劳动付出的卖方而言的。而有卖方必有买方，否则交换就不能实现，买方就是教育管理机构，如学校等。而买方也应有真实有效性保证，买方真实有效性程度不高将导致两种情况，一是付出的学分数高于个性化学习劳动凝聚的价值量，这会使得学分贬值，社会及学习者人力资本投资积累贬值，表现为教育质量水平低；二是付出的学分数低于个性化学习劳动凝聚的价值量，这会使得个性化学习劳动的凝聚不能完全转化为人力资本的投资和累积，因而减少社会及个人的人力资本投资利润，不利于社会经济的发展。所以，学分认定与获得这一交换过程的实现是以真实有效性为前提，以等价交换为原则的。等价交换是一切市场交换的原则，是指在没有其他因素的正常市场情况下必须遵循的原则，否则交换就不能正常持续地实现。

四、学分认定的方法

在对学分认定与获得的本质及内涵认识的基础上，具备真实有效性前提，坚持等价交换原则下，具体是怎样认定学习者的个性化学习结果的学分呢？这就是学分认定的方法问题。

学分认定方法是指教育管理机构根据学习者特定的有效个性化学习行为所付出的劳动给予相应学分价值的工资计量的方法。在第五章第三节学分计量中，其相应的计算公式为：学分数=某一部分特定的知识、技能内容的有效学习行为所耗费的时间/20 学时，而具体对学习行为的真实有效性考核分为三种方式：

第一种方式是过程性考核与终结性考核相结合的方式，也就是对教与学过程的时间、完成学习情况及学习终结的考试情况相结合的考核方式。对应于学习劳动的计时与完成结果的计件相结合的学习劳动的工资付酬制。

第二种方式是只采取终结性考核的认定方式，只考核学习者的学习劳动结果，不考核具体时间与中间环节情况，对应于学习劳动的计件工资付酬制。

第三种方式是只考核学习劳动过程的时间，对应于学习劳动的计时工资制。

因此，学分认定的具体方法包含两部分内容：其一是学分计量的方法，即对某一特定的个性化学习行为的劳动结果付给学分工资的计量方法。其二是保证教育质量及目的的实现而对个性化学习劳动的真实有效性进行考核的方法，具体包括对学习者特定的学习劳动的各种平时作业完成、考试成绩、学习时间记录、终结性考试成绩等的考核方法。

五、学分认定的差异性与合理性

相对来看，学分认定的计量方法只是技术性的问题，目的是怎样统一计量出各种个性化学习行为结果应该获得的劳动报酬的学分数。而对于个性化学习行为劳动的真实有效性考核，代表了社会上层建筑的意志，代表了国家教育主管部门、教育管理机构的要求，其本质是要求学分价值表示的学分数要与学习劳动凝聚的人力资本投资价值保持相对一致。为什么这里讲的是“保持相对一致”而不是保持绝对一致呢？也就是说，按照前述学分认定的方法，在保证其真实有效性的前提下，我们计量出的学分数只能做到与学习者个性化学习劳动创造的价值保持相对一致，而不是绝对地相符或相等呢？这就是学分认定的差异性，或者说准确性、合理性问题。

对特定的某一部分知识、技能的学习内容，在不同的教育管理机构（如不同的学校），对其学分数的认定可能是不同的。这是因为在保证真实有效性的前提下，学分数的计算是一个分数，这个分数的分母不变，但分子是有效学习行为所耗费的时间，就是特定的教育管理机构全部学习者耗费时间的平均数。这个平均数对于不同的教育管理机构来讲，由于学习者人数、学习效率、教育水平等不同，其平均数也不相同。导致这个分数值就不相同，致使这一差异产生的根本原因是全社会的平均数与社会局部的平均数之间的差异。但是，社会局部的平均数总是以全社会平均数为标准线而上下波动的。这是由价值规律的作用决定的：学分数这一学习劳动的工资价格与价值的背离、差异是常态，而价格与价值的完全一致是偶然。而学分的认定又是个性化学习行为付出的劳动与学分价值的交换行为，这种交换行为又受供求关系的影响，即社会对某种学习劳动的需求大，对于这种学习劳动的购买付出即学分价格的学分数就多；社会对某种学习劳动的需求小，对这种学习劳动的购买付出即学分价格的学分数就少。这是市场经济中商品价格受供求关系的影响而导致的。因此，不同教育机构对学分认定的差异性是客观存在而合理的，但这种差异是以学习劳动的价值为标准线而波动的。这就是马克思劳动经济学中价值规律的作用，即价格围绕价值上下波动。这种波动的偏差必须通过市场来进行修正，通过市场的不断修正，才能使得学分数这种学习劳动的价格不断地趋向于其本身的价值，使得学分数价格与其学分价值相对一致，而不是绝对相等。如果出现相等的情况也是偶然的，而不是必然的。由此可以看出，对学分价格与价值偏差的市场修正是重要的，如果这种偏差不通过市场进行修正，偏差可能会不断扩大。正偏差的累积会使社会人力资本投资不断贬值，负偏差的累积会使社会人力资本的部分投资不能实现，不断减少人力资本投资的累积，挫伤个性化学习的积极性。不管是正偏差还是负偏差累积，都不利于社会经济的发展。而通过市场修正使得偏差的累积可以正负抵消而趋于零，也就是偏差的总和趋于零，使得社会人力资本的投资真实、合理，最有利于社会经济的发展。

六、学分认定的意义

客观上看，学分的认定是一项复杂的社会劳动，需要做大量的工作。那么，人们为什么要不辞辛劳去做这项工作呢？这就是学分认定与获得的意义问题。

学分产生于学校教育管理制度对学习者个性化学习的真实有效性进行评价的需要，其方法是通过对个性化学习劳动的价值抽象进行管理，从而满足学习者个性化学习的需要，而学习者个性化学习劳动的真实有效性是这种学习劳动能否形成社会人力资本投资的前提。只有通过学分认定，这种学习劳动才能成为社会有效劳动，这种学习劳动成果才能转化为社会价值，才能形成社会及个人的人力资本投资，才能为社会和个人带来人力资本投资回报，成为社会经济发展的源泉。因此，学分认定的意义在于将学习者的个性化学习劳动成果转化为社会有效劳动，实现其社会价值，形成社会及个人人力资本投资，成为个人收入增长和社会经济增长的源泉。

第二节　学分的互认与转换

学分的互认从形式上看是指不同的教育管理机构对其认定的学分的相互认可，但其本质还是对学习者的个性化学习行为结果有效性的认可，是学分认定与获得的一种应用方式。

一、学分互认

学分的互认是指特定的教育管理机构对其他教育管理机构的学分认定的应用，也可以认为是特定教育管理机构对学习者的个性化学习结果的学分认定范围的扩展，或者说对认定学分适用范围的扩展。例如，有 A、B 两个学校，A 学校对某一部分知识、技能这种学习行为结果认定的学分，如果 B 学校认为是真实有效的，B 学校就不用对这一学习行为的有效性再进行学分认定，而直接承认 A 学校的认定结果，而学习者在 A 学校的个性化学习行为结果获得的学分，也相当于在 B 学校获得的学分；反之，亦然。如果我们把 A 和 B 合起来看成一个学校的两个不同校区，那么在 A 认定或者获得的学分，相对于 B 来说，也自然地应该认可，这就是 A 的学分认定（和获得）的适用范围的扩展。我们还可以将其理解为在 A 获得的学分价值转移到 B 这个教育管理机构，这就是有的国家和地区叫做学分互认而有的国家和地区叫做学分转移的原因。它们在本质上是一回事，只是理解这一事物的角度不同而已：学分互认是站在教育管理机构的角度，对其他教育机构的学分认定的认可；而学分转移是站在学习者的角度对学习劳动行为结果获得的学分价值在不同教育管理机构的认可而言的，是指在A获得的学分价值转移到B认可的价值来理解的。

不同的教育管理机构对同一学习劳动的学分的认定是存在合理的差异性的，这就使得不同教育管理机构间的学分互认程度有所不同，其中一种情况是等值互认，就是指B教育管理机构对A教育管理机构的学分认定完全相同，B完全认同A认定的学分数，这是等值互认。至于A是否完全认同B的学分认定数，即等值认同，还得由A根据自己的实际情况与B进行对比判断再确定。另一种情况是不等值互认，就是B教育管理机构对A的学分认定只是一定程度的认同，即对A认定的学分数不完全认同，也就是B对于A的学分认定是不等值认同，B对A的学分认定可能是超值的认同，也可能是贬值的认同。如A对某一学习行为结果的学分认定为4学分，而B对A的这一学习行为结果的学分认定为5学分，这是超值互认；如B对A的这一学习行为结果的学分认定为3学分，这是贬值互认。至于A与B相互间的学分互认是等值、超值或贬值进行互认，这将由A与B根据自己客观现实情况的对比与市场规律而确定。以上是对特定的学习行为劳动结果的学分在不同教育管理机构互认情况的考察，这一过程也是对在学习行为劳动这一产品的使用价值相同的情况下其价值的相互认可情况的考察。

二、学分的相互转换与替代

除以上情况之外，还有一种情况是某种学习行为劳动在 A 教育管理机构进行学分认定后，B 教育管理机构没有这种学习行为劳动。在这种情况下，B 该如何去认定这种学习行为劳动的价值？这就是学分的转换问题。

如果学习者在 A 学校的某一门课程的学习劳动结果所获得的学分在 B 学校没有对应的课程，这时 B 学校要认可学习者在 A 学校获得的学分，可以用 B 学校有的而且学分数相同的学习课程来进行对应替代，这种对应替代的实质是去掉了学习行为劳动结果的使用价值，或者说是实现了使用价值替代，而 B 学校将学习者在 A 学校获得的某一门课程的学分，对应认可为 B 学校的另一门课程的相应学分，这种学分互认的形式就是学分的转换，或者说是学分的替代。因此，学分的转换或者学分的替代，其实质还是学分互认的一种应用形式，只是这种互认是在学习劳动行为结果的使用价值不相同的情况下，对学分价值的相互认可，而为区别于使用价值相同情况下的学分互认，才把它叫做学分转换或者叫做学分替代、学分替换等。也就是在学习劳动的使用价值相同时，称为学分互认，而在使用价值不同时称为学分转换、学分替代、学分替换等。相对于不同的教育管理机构和学习者而言，就是学习行为劳动的内容不同。在具体的操作过程中，不同的教育管理机构间，如果是相同或者近似的学习内容，进行的是学分互认；如果是不同的学习内容，则只能是学分转换。当然也可能出现某一种学习内容，相对于两个不同的教育管理机构来说，既有学分互认的部分内容，又有学分转换的部分内容，这实际上需要分别进行处理，即对使用价值相同部分的内容进行学分互认，对使用价值不同部分的内容进行学分转换。

综上所述，学分认定的根本方式是在学习者行为结果的真实有效性认定的前提下，对学习者学习行为的必要劳动时间的计量，具体的认定方式有三种，即：计时与计件相结合的综合学习劳动考核的学分工资付酬制、计时学习劳动考核的学分工资付酬制、计件学习劳动考核的学分工资付酬制。而学分互认与转换时不同教育管理机构对已有的学分认定的运用方式，在使用价值相同的情况下，进行学分互认，学分互认有等值互认、超值互认和贬值互认；在使用价值不同的情况下进行的是学分转换、转移或者替代，而学分转移、转换或者替代一般是等值的。如果是部分使用价值相同的情况，则应分别进行相同部分的学分互认，对不同使用价值部分进行学分转换、转移或者替代。

第三节　学分的存储与累积

学分的认定、互认与转换等内容，是从教育管理机构的角度，对学习者的个性化学习劳动所凝聚的价值

（即学分）进行管理的行为，而学分的存储与累积则是学习者个体对自己的个性化学习劳动所凝聚的价值（即学分）进行必要管理的行为，具体是指学习者将自己不同时间、地点、方式取得的学分（进行的个性化学习劳动所凝聚的价值）向特定的教育管理机构进行不断存入、储备，使得自己的学分（人力资本）不断累加、积聚的行为。

在传统的学校教育理念下，对学习者的学习行为及结果的管理是学校等教育管理机构的学籍（或者考籍）管理部门的主要职能之一，学习者在每一个学期（或每一次考试）所学习及考试的课程和成绩都由学籍（或考籍）管理部门记录和保存在学籍（或考籍）档案里。这些学习课程和考试成绩在学籍档案里的记录和保存，其本质是对学习者的个性化学习劳动成果的存储与累积。当学习者完成了教学计划要求的全部学习行为、考核（包括考试和考察等方式）合格（即学习行为的有效性得到保证的前提下），学校等教育管理机构对学习者颁发相关证书或者学历、文凭。如果传统的学校教育已经实行了学分制管理，上述过程就变为：学校教育管理机构的学籍管理部门，对学习者在每一个学期学习的内容，通过考核进行学分认定后，将这些学分记录和保存在学籍档案里，进行学分的存储与累积。如果学习者的学分存储与累积达到了教学计划要求的学分，学校等教育管理机构就对学习者颁发相关证书或者学历、文凭。由此可见，学分的存储与累积本质上是人的个性化学习行为结果这种劳动凝聚的价值的自然存储与累积，教育机构的学籍管理仅仅是有效记录了这些学习劳动成果，或者是通过学分制管理记录了这些学习劳动成果的学分价值。其区别在于学籍（考籍）管理的对象是学习行为结果还是学分。如果学籍（考籍）管理是针对学习者的学习行为结果进行存储与累积管理，当这些学习行为结果的存储与累积达到教学计划的要求时，即可将所有的这些学习行为结果全部交换为相关的证书或者学历、文凭。如果学籍（考籍）管理是实行学分制管理，就是将学习者的每一部分学习行为结果都通过学分认定转化成学习行为劳动凝聚的价值（即学分）进行存储与累积。当这些学分存储与累积达到教学计划的要求时，即可交换为相关的证书或者学历、文凭。虽然学籍管理的对象不同，但其目的与结果都是获得同样的证书或者学历、文凭。只是在学籍对学习劳动成果的存储与累积管理直到获得同样的证书或者学历、文凭的过程中，隐含着将学习者全部学习行为的劳动成果通过学分认定转化为学习劳动凝聚的价值（即学分）的过程。因为不同知识、技能的学分价值是由社会必要学习（劳动）时间确定的，因此，学分价值的确认就是将学习者的学习行为劳动转化为社会价值的过程。

人的个性化学习行为这种劳动是一种客观的行为过程，也是学习这种劳动凝聚的自然过程，学习劳动的凝聚就是学习劳动的自然存储与累积的过程。所以，学习劳动的自然存储与累积是伴随着学习行为的同一过程实现的，存储是过程，累积是存储的结果，对学习劳动结果的学分认定就是学分存储的过程，这个过程的完成就是学分累积结果的实现。只要学习者个性化学习劳动有效发生或者实现，这些学习劳动凝聚、存储与累积就是客观的、绝对的，而与这些学习劳动发生在具体的哪个时间阶段、空间范围无关，当然也就与这些学习劳动成果记录在哪里无关。

既然学分的存储与累积本质上是人的个性化学习行为结果这种劳动凝聚的价值的自然存储与累积，是客观的、绝对的，与学习劳动发生的时间、空间无关，与这些学习劳动成果记录在哪里无关，并且有教育管理机构对学分进行认定、互认与转换等管理，为什么还要学习者对自己的学分进行存储与累积管理呢?

这是因为，一方面，在现代终身教育和终身学习理念下，学习者的个性化学习劳动可能发生在不同的时间阶段、具有不同的空间范围、不同的学习行为方式和不同的教育管理机构。例如，学习者对不同大学的优质教育资源的学习、研究、发明、创造等这些学习劳动的凝聚，可能有的已经进行了学分认定，成为社会有效劳动，实现了社会价值；而有的学习劳动的凝聚，还只是学习劳动的结果，没有进行学分的认定，还不是社会有效劳动，没有形成社会价值和人力资本，对这些学习者的个性化学习劳动就需要进行有效的管理，就必须通过学分认定、存储与累积，使其充分有效地转化为社会有效劳动，实现其社会价值，形成个人及社会的人力资本投资与累积，成为个人及社会经济增长的源泉。这就要求学习者必须将自己的各种个性化学习劳动通过学分认定，存储和累积到同一教育管理机构，实现学习价值的有效管理。

而另一方面，虽然学分的存储与累积本质上是个性化学习劳动的存储与累积，是学习劳动价值的存储和累积，但具体的学分存储和累积是通过对代表学习劳动价值的学分价格（即学分数）进行存储和累积来实现的。而价值规律表明，价格只能相对统一地代表价值，这是从价格总的趋向性和总的平均性来看的，具体的价格始终背离价值是常态，不同时间、空间的价格的高低是受供求关系影响的。这就规定了学习劳动凝聚的价值不受时间、空间的影响，但要把这些价值用价格表现出来就要受到学习劳动发生时的时间和空间的影响。而事实上对同一知识、技能的学习，在不同的时间，不同的教育管理机构认定的学分数可能是不同的。这是因为科学的认知和技术的发明可能要花费人们大量的时间，但当这些科学知识和技术发明被广泛认识和应用后，人们再去学习它们所耗费的时间就要相对少很多。基于以上两方面原因，学习者对自己的个性化学习行为劳动所凝聚的价值即学分进行存储与累积的管理行为是必要的和重要的，它将直接影响学习者自身的人力资本投资积累和利润回报。

第四节　学分的使用与兑换

学分的存储与累积的目的就是使用，因为学分本身具有社会价值。就像我们在银行里存储与累积货币这种社会价值一样，我们每月将工资的一部分存储到银行里进行累积，当这些社会价值累积到一定程度后，我们就会产生现实的交换欲望，如买汽车、买住房等。汽车可以满足我们交通的使用需要，住房可以满足我们居住的使用需要。同样的，学分这种社会价值的使用也可以满足我们对使用价值交换的需要，对学分的使用可以交换到文凭、证书等，对这些东西的使用可以带来实际的收益。因此，学分的使用与兑换，就是用存储和累积的学分价值去交换要使用的东西，这些东西一般是指学历、文凭、职业资格证书、上岗证等能够带来人力资本投资利润的实际经济收益的东西。使用学分的过程就是兑换的过程，只是我们使用学分是对交换过程的强调，学分的兑换是对交换结果的强调而已，兑换了这些东西就是学分使用的结束，学分的使用与兑换统一在价值交换这一过程中。学分的使用与兑换能否实现，取决于交换双方的条件或者意愿是否一致，能否达成统一。这些条件和意愿可以归结为两个方面：第一个方面是价值的统一，因为交换就必须遵循等价交换的原则。对学习者来讲，就是自己存储与累积的学分数是否达到交换文凭、证书等所要求的最低学分数量的要求。第二个方面是使用价值需求的一致性。这是指教育管理机构颁发的文凭证书等是符合或者包含学习者需要的使用价值的文凭、证书等。如果学习者需要的是会计专业的使用价值，而学校只能颁发文学专业的文凭、证书等，这时的使用价值就不能满足学习者的需要，交换就不能完成。同样，如果学校颁发的是会计专业的文凭、证书等，而学习者存储与累积的学习劳动的使用价值都是文学专业的，此时学习劳动的使用价值不符合会计专业的文凭、证书等对使用价值的要求，交换也不能完成。所以，学分的使用与兑换的本质是价值交换过程，而这一价值交换过程能否完成与实现，取决于交换的双方对价值和使用价值两个方面的需求能否同时在交换过程中都得到满足。如果在交换过程中，价值和使用价值双方都能够得到满足，交换就能够完成与实现。否则，交换就不能完成与实现，就不能实现学分的使用和兑换。

第七章 社会对个性化学习的尊重

学习者的个性化决定了人的个性化学习需求是客观的、绝对的，符合人的生存与发展、历史与社会发展进程规律。因此，人类个性化学习需求是值得人类社会尊重的客观事实。从选课、选课制到学分、学分制的产生和发展过程来看，选课制、学分制是传统学校教育模式空间、时间环境里对学习者个性化学习的尊重，是对学习者个性化学习要求的尽可能的满足。不仅如此，在传统学校教育模式时间、空间环境外，人类社会对人的个性化学习的尊重，对学习者个性化学习要求的尽可能的满足，是从古至今从来如此、一如既往的。

第一节 工业文明之前社会对个性化学习的尊重

从人的自然成长与生存过程来看，由于人自身学习能力的差异性和所处社会环境的差异性，使得特定个体人的一生的学习本质上都是个性化的，人从出生后的牙牙学语到走、跑、跳到基本生活能力的获得，都离不开父母、长辈的细心照料、呵护与传帮带。成年后，无论是狩猎、畜牧、农业生产、手工业生产等生存技能，也是从父兄长辈、拜师学艺的师傅处获得的。因此，在非战争等特殊时期，社会对人的成长及生存普遍是关心、鼓励、帮助与尊重的。

从社会上层建筑的教育来看，教育对人的成长及生存过程即对人的个性化学习，在不同的历史、社会时期，也在一定程度上尽可能地给予关心、鼓励与帮助。如：中国历史上影响最大的思想家和教育家孔子，创办私学，打破了西周以来“学在官府”的传统，成为中国历史上第一个大规模招收学生的教育家，开创了私塾教育的先河。

从人类取得的科学技术成就来看，古希腊、古罗马时期的科学技术在哲学、天文学、数学、力学、医学、生物学、地理学和物理学等方面都取得了伟大的成就。其中的自然哲学为哲学与理论自然科学的发展奠定了基础，称为“前苏格拉底哲学”，主要是关于“宇宙的生成和自然的本原相关问题”的研究，核心是“本原”问题，是关于宇宙万物和万物的必然性或规律性的知识，称为宇宙论时期。而古希腊伟大的哲学家、数学家、物理学家、力学家，静态力学和流体静力学的奠基人，享有“力学之父”美称，与高斯、牛顿并称为“世界三大数学家”之一的阿基米德，在物理学方面证明了物体在液体中所受浮力等于它所排开液体的重量，被称为阿基米德原理。他发现了力学的杠杆原理等，曾有“给我一个支点，就能撬起整个地球”的名言。欧几里得也是古代希腊最负盛名、最有影响的数学家，他的《几何原本》对于几何学、数学以及科学的未来发展，对人类的整个思维方法都有极大的影响。他还对数论、无理数理论等进行研究，并最早使用了公理化的方法，成为后来建立任何知识体系的典范。这些仅仅是大量古代西方文明科技成就的代表。而在东方的中国，古代科技成就体现在造纸、印刷、纺织、陶瓷、冶炼、建筑等方面，与古希腊文明同时期的春秋战国时代，以孔子、老子、墨子为代表的三大哲学体系以及各种思想及学术流派纷呈，形成诸子百家争鸣的繁荣局面，与古希腊文明相辉映。这些是中国古代科学技术成果的代表。所有人类取得的科学技术成就，其本质都是人的个性化学习获得的结果，都包含着人类社会对人的个性化学习的关心、鼓励、帮助与尊重。

虽然历史上也曾有教会神学禁止哥白尼“日心说革命”、将伽利略迫害致死，秦始皇“焚书坑儒”、汉武帝“罢黜百家，独尊儒术”等反科学行为，但从历史与社会螺旋式发展与进步意义来看，人类社会对学习者个性化学习的要求，从古至今都给予了尽可能的满足。

第二节　工业文明社会对个性化学习的尊重

人类社会从农耕文明跨入工业文明以后，对人的个性化学习更加重视。与之前各社会历史时期相比，关心、支持、帮助程度进一步提高。这一时期的教育更加主动地服务于个性化学习的需要，主要体现在现代传统学校教育环境内的选课制、学分制等及其学校外社会环境的相关教育制度。

一、函授教育

函授教育最早起源于英国。由于其岛国环境因素，信息的交流与沟通显得极其重要。在 17~18 世纪，英国邮政业已相当发达，已经具备现代邮政的各种功能，处于世界各国领先地位，邮政通信基本覆盖英国社会。到 18 世纪蒸汽机被广泛应用，人类社会跨入工业文明时期，生产力的发展导致社会大分工，对社会提出大规模的专业技能人才的需求，从而导致相对大规模专业技能人才的共性学习需求。教育为适应和服务于生产力发展要求，满足这一共性学习需求，建立了现代意义的传统学校教育。几乎在现代传统学校教育产生并建立的同一时期，同样由于生产力发展导致社会大分工，社会各行各业得到快速发展，经济活动异常活跃，在学校教育时空以外存在各种不同的个性化学习需求。为满足这些不同的个性化学习需求，在当时的历史客观环境下，必然也只能产生与之相适应的函授教育来尽可能地满足这些不同的个性化学习需求。这就使得函授教育应运而生。

据北京交通大学陈庚教授介绍，最早的函授教育发源于英国工业革命时期，由于当时社会大分工，社会各行各业得到快速发展，经济活动异常活跃，各种商业沟通、谈判频繁，要求对其沟通、谈判内容进行真实记录和固化。但在当时没有录音、录像设备的情况下，只能通过速记的方法才能相对真实、客观地记录下现场沟通、谈判内容。这就产生了文秘人员学习速记的社会需求。而当时教授速记这一技能的教师相对缺乏，其中的佼佼者受到社会的广泛欢迎，但由于其时间、空间的限制，不能满足社会的广泛需要，遂将其讲授内容整理成教材资料，通过邮局信函寄发方式，将教材资料寄发给学习者自行学习。后来，便将这种通过邮局信函寄发方式寄发教材资料给学习者进行学习的模式叫做函授教育。

我国在新中国成立初期，为适应百废待兴对各行各业人才的需求，首先从师资培养抓起，由东北师范大学率先引进了函授教育，部分高校也进行仿效，通过函授教育方式培养出了大量的师资，为各行各业的人才培养做出了巨大贡献。

函授教育最显著的特点是突破了学校教育的时间、空间限制，通过提供学习资源的自学方式，突破了教师与学生之间的面授方式，实现了教师与学生在时间、空间上的分离，使得学习者在任何地方都可以进行学习，因此学者也将函授教育称为第一代远程教育。而另一特点是一定程度上实现了优质教育资源的社会共享，通过优质教育资源的不断社会化，不断提高学习与教育的质量和水平。其不足之处是教与学过程中的交互性差，只能通过信函的方式进行互动，难以实现教学相长。其另一不足之处是教育的个性化不同程度地被过滤、损失，学习过程的乐趣也就不同程度地被过滤、损失。因此，在函授教育的方式里就不能体会到易中天、钱文忠、纪连海、于丹等百家讲坛大师们风趣幽默、妙语连珠、个性十足的风采与乐趣。

函授教育相对于社会主流共性化学习的学校教育来说，是个性化学习形式；而相对于参加函授学习的人群来说，就是共性化的学习；相对于特定学习的个体，又是个性化的学习。这就是共性存在于个性之中，共性是相对的、抽象的，而个性是客观的、绝对的。因此，**函授教育是社会对个性化学习的尊重，是教育对个性化学习需求的适应与满足。**

二、广播、电视教育

随着无线电技术、电视机的产生与发展，人类社会电气化时代到来了，作为上层建筑的教育，积极利用广播、电视等新技术为生产关系、生产力服务，满足学习者的个性化学习需求是社会进步与发展的必然结果。相对于函授教育而言，广播、电视教育的内涵或者说本质并没有发生多大改变，只是教育形式或者说教学手段发生了改变，它将函授教育的邮局信函寄发方式改变为相对先进的广播、电视信号传输方式，使得学习资源的提供变得更为方便和快捷。也就是说，广播、电视教育在保持了函授教育两大显著特点，即时空分离与优质教育资源社会共享这两大显著特点的基础上，改善了学习资源的提供方式，使其更为方便、快捷。同时，新技术在教育上的应用也不同程度地保持了教育自身的个性化内容，使得学习者能够体会到教育本身的个性化在学习过程中的乐趣。例如百家讲坛的大师们给我们带来的个性化教育，使我们感受到学习是一件轻松愉悦的事情。从函授教育与广播、电视教育的内涵或者本质来看，广播、电视教育是函授教育的继续与发展。因此，学者把广播、电视教育称为第二代远程教育，其目的都是为了满足不能适应学校教育模式而存在于社会的个性化学习需求。因此，广播、电视教育也是社会对个性化学习的尊重，是教育对个性化学习需求的适应与满足。

我国改革开放初期，国家、政府将工作重心转向了经济建设，生产力得到迅速发展，各行各业需要大量适应社会主义市场经济发展要求的应用性实用型人才。在国家恢复高考制度的同时，实施了电大教育，针对“文革”时期教育的缺失，对社会广泛而大量存在的、不可能完全实现学校教育的学习需求进行补偿性的满足。中央广播电视大学及各省、市广播电视大学，为加速我国改革开放时期人才培养，适应社会主义市场经济发展要求，培养了大量的应用性实用型人才，为我国的改革开放做出了应有的贡献。

三、网络教育

从20世纪60年代美国军方发明第一台计算机，标志着人类社会跨入数字化时代，到1991年8月6日，英国的蒂姆·伯纳斯·李向世界公布万维网项目，人类从此跨入计算机网络时代。计算机信息及网络技术不断地融入各行各业之中，自然地，这些技术也被教育运用到其发展过程中。比较典型的案例是美国可汗学院的产生与建立。

萨尔曼·可汗中学毕业后，进入麻省理工学院，获得了数学学士学位、电子工程与计算机科学学士学位及硕士学位，又在哈佛商学院获得了工商管理硕士学位。这位“全能型”的可汗进入了美国的一家基金公司工作。到2004年时，可汗的表妹纳迪亚上七年级，亲戚希望可汗能帮助辅导表妹纳迪亚的数学课程，但是他们住在不同的城市，相距甚远，只能运用“雅虎通聊天软件”“互动写字板”和电话进行辅导。这样的教与学的方式取得了较好的效果，使得其他亲朋好友也不断地上门讨教。天才的可汗应接不暇，只能把自己的数学辅导材料制作成视频，发布到YouTube网站上，提供给更多的人进行分享。视频受到上网学习者们的欢迎，学习者们不断提出各种学习需求，使可汗欲罢不能。到2007年，可汗成立了“可汗学院”，通过网站，用视频讲解不同科目的内容，并解答学习者提出的问题，提供在线练习、自我评估及进度跟踪等学习工具。这些做法，使这个网站的平均点击量每月达到200多万次，受到社会的广泛好评。2009年，可汗辞掉基金公司的工作，全身心投入“可汗学院”的建设中。这是计算机信息及网络技术应用到教育领域的个性化发展。就一般情况来看，美国算是高等教育最发达的国家之一，高等学校众多，即便如此，也由于地域、环境及家境、年龄等各种个性化因素，不能保证所有的人都能够进入大学校园里学习。为了让更多的人能够圆“大学梦”，满足社会时空环境里的个性化学习需求，现代远程教育即网络教育应运而生，并得到了迅速发展。从以下一组统计数据可见一斑：1995年，美国有28%的大学提供网上课程，到1998年有60%的大学提供网上课程。不仅一般大学通过互联网进行教学，包括哥伦比亚大学、斯坦福大学这些世界名校也提供网上课程，开垦网络教育的“新田地”，使参加网络学习的人数增长率达到了平均每年300%以上。由此可见计算机信息及网络技术应用到教育领域的共性化发展。我们将这种通过互联网方式进行学习的模式叫做网络教育，也称为第三代远程教育或者现代远程教育。

网络教育在继续保持了第一代、第二代远程教育的两大显著特点，即时空分离、优质教育资源社会共享的基础上，更加改善了学习资源的提供方式。随着移动数字化学习资源在网络教育中的应用，使得学习资源的提供不仅方便、快捷，而且具有了点对点、点对面的双向互逆性。特别是第三代远程教育独有的教与学的双向交互性，使得教与学之间能够通过互联网实现互动，理论上实现了课堂教学的应有功能。这是第三代远程教育区别于前两代远程教育的独有的特征。

20 世纪末，我国开始对网络教育进行探索，到 2002 年，教育部批准了 68 所高校进行网络教育试点，这也正是我国生产力发展水平从制造业、人力资源大国向强国转型发展时期，要求教育要尽其可能服务于学习者的个性化学习要求，为研究型、创新型、个性化人才培养做出其应有贡献。随着我国网络教育学习形式的发展，目前仅教育部批准的 68 所网络教育试点高校学历教育年招生量已在 100 万人以上。如果考虑到非学历网络教育的应用，足可见其极大程度地满足了社会个性化学习需求，为学习型社会的建设做出了应有贡献。

网络教育就其本质来看，同样是利用计算机信息及网络技术的当代社会对个性化学习的尊重，是教育对个性化学习需求的适应与满足。

四、高等教育自学考试

20 世纪 70 年代后期至 80 年代初期，随着经济改革与对外开放，生产力得到了极大的释放，各行各业发展迅猛，社会对各种实用性、应用型人才有着大量急迫的需要，但由于“文革”期间高等教育停招、停办，社会积存了大量的学习需求。虽然在 1977 年恢复了高考制度，但每年通过高考进入高等院校学习的人数只能占到参加高考人数的百分之几，形成了“千军万马过独木桥”

的情形，国家也拿不出更多的资源投入高等教育。根据我国现实情况，本着费省效宏，少花钱、多办事，多出人才、快出人才的原则精神，我国在 20 世纪 80 年代初期开始了我国特有的高等教育自学考试制度探索。最先由有条件的省、直辖市根据其自身条件指定相关专业主考院校，由主考院校制订相关专业计划，确定开考课程，负责教材编写、出版、命题、阅卷等工作。在各省、市探索的基础上，1988 年国务院颁布了《高等教育自学考试暂行条例》，2014 年 7 月 9 日国务院第 54 次常务会议通过的《国务院关于修改部分行政法规的决定》修改了《高等教育自学考试暂行条例》相关规定，于 2014 年 7 月 29 日由国务院总理李克强签署《中华人民共和国国务院令第 653 号》，新条例开始实施。在条例第一章总则的第一条说明条例是根据《中华人民共和国宪法》第十九条“鼓励自学成才”的规定制定的条例。第二条称高等教育自学考试是对自学者进行以学历考试为主的高等教育国家考试，是个人自学、社会助学和国家考试相结合的高等教育形式。高等教育自学考试的任务，是通过国家考试促进广泛的个人自学和社会助学活动，推进在职专业教育和大学后继续教育，造就和选拔德才兼备的专门人才，提高全民族的思想道德、科学文化素质，适应社会主义现代化建设的需要。第三条称中华人民共和国公民，不受性别、年龄、民族、种族和已受教育程度的限制，均可依照本条例的规定参加高等教育自学考试。第五条称高等教育自学考试的专科（基础科）、本科等学历层次，与普通高等学校的学历层次水平的要求应相一致。我们从国家颁布的《高等教育自学考试暂行条例》的以上几条内容可以看出：根据《中华人民共和国宪法》第十九条“鼓励自学成才”的规定建立起来的、我国特有的高等教育自学考试制度，也是为了适应改革开放对各种人才的大量需求，完全突破传统学校教育的时间、空间的限制，满足学习者各种不同的个性化学习需求而建立的一种教育管理制度。这种制度是符合终身教育理念的，现在仍然发挥着巨大作用。

带有深刻的工业化生产烙印，以标准化、集约化、流水线方式培养人才的现代传统学校教育理念与终身教育理念是对立统一的矛盾的两个方面。其统一体现在这两种教育理念都是为生产力发展要求服务的，现代传统学校教育理念包含于终身教育理念之中，是终身教育理念的构成部分。其矛盾体现在不同时期生产力发展要求不同，导致矛盾运动的主要方面与次要方面的地位不同。

这也说明了为什么在标准化、集约化、流水线方式培养人才的现代传统学校教育理念的不同时期，也有函授教育、广播电视教育、网络教育的同时存在，也有蒸汽机、发电机、计算机、网络技术的研究、创造、发明。同样，在满足个性化学习要求终身教育理念的不同时期，也一直存在标准化、集约化、流水线方式培养人才的现代传统学校教育理念与教育模式。因此，只要人类社会存在商品生产，这两种理念与其对应的教育就会存在。这也是导致教育自身细化的根本原因。我国乃至世界高等教育向研究型、创新型、个性化人才培养与向应用性实用型人才培养的细化趋势是符合这一矛盾运动客观规律的，是符合生产力发展对教育的两个不同方面要求的客观规律的。

第八章 “学分银行”教育管理制度

从劳动经济学的角度，我们将人的学习行为看成是一种特定的劳动，这种劳动也创造其相应的价值，表现在教育领域里即学分。而各种教育内容及形式的实现是社会对人力资本的投资方式，各种教育管理制度的本质是对人力资本的社会投资，即对学习行为获得的学分价值及其累积形成的人力资本进行管理，表现为各种学历、文凭、职称、技术等级证书等，目的是追求更高效益的人力资本投资回报。

第一节 时代的呼唤与要求

人的个性化学习是客观的、绝对的、值得尊重的。科学技术的发展推动着生产力向前发展，对人的个性化学习提出了更高的要求。作为上层建筑的教育，会不断、主动、积极地适应、服务、满足人的个性化学习需要，这不仅仅因为人的个性化学习是值得尊重的，更有其内在的必然原因。究其根本，是因为各种教育内容及形式的实现是社会对人力资本的投资方式，是投资就得讲效益，而人力资本的投资是社会经济增长的源泉，是效益最佳的投资。这正是教育服务于个性化学习、服务于生产力发展要求的内在必然动因。

亚当·斯密在其经济学奠基之作《国富论》中，把人的技能与熟练程度（现在称为人力资本）作为固定资本的四个组成部分之一。他说，学习一种才能，需受教育，需进学校，需做学徒，所费不少，这样费去的资本，好像已经实现并固定在学习者的身上。这些才能，对于他个人自然是财产的一部分，对于他所属的社会也是财产的一部分。个人增进的熟练程度，可以和便利劳动、节省劳动的机器和工具同样被看成是社会上的固定资本。学习的时候，固然要花一笔费用，但这种费用，可以得到偿还，赚取利润。[①]

美国经济学家舒尔茨在20世纪五六十年代奠定了现代人力资本理论基础，阐述了其概念与性质、内涵与形成途径及其在经济与社会发展方面的意义，主要表现在四个方面。即：①人力资本寓于人的身体之中，表现为知识、技能、体力价值的总和；②人力资本是通过人力资本投资形成的；③人力资本投资是经济增长的源泉；④人力资本投资是效益最佳的投资，等等。人力资本的

---

① 亚当·斯密. 国富论［M］. 王亚南，郭大力，译. 北京：商务印书馆，1972：251-258.

形成与人力资本存量的增加来源于人力资本投资。人即劳动力的素质结构，如知识程度和存量、技能状况、生理与心理健康状况构成人力资本的实体，凡是有利于形成与增加劳动力素质结构的行为与费用，有利于提高人力资本利用率的费用都是人力资本投资。人力资本的投资方式有教育、健康、劳动力流动三个方面。

所有的生产都是人的生产，作为生产主体的劳动者具有的科学文化知识、职业技术知识、生产业务技能等经过人力资本投资而形成的人力资本在生产过程中起着重要的甚至决定性的作用，其根本原因是人在生产力发展中的地位极为崇高，作用极其重要。因此，反映在决定国民收入增长的因素中，人力资本占越来越大的比重和份额。

在瓦特改良蒸汽机之前，人类社会生产力的发展主要靠直接经验的积累和劳动对象即人口的增加。跨入工业革命时期后，进入完全以商品生产为目的的商品生产社会形态，大规模的社会化大分工，形成了以社会商品生产与服务为核心的各行各业。为适应商品生产各行各业对培养专业化技能的大规模劳动者的要求，产生了现代意义的传统学校教育模式，其形式以标准化、规模化的流水线方式培养社会需要的劳动者。其主要教育理念是基于人的前半生学习、后半生工作，即社会对人的前半生进行人力资本投资，形成人力资本，人的后半生进行劳动生产，创造价值，社会回收人力资本投资利润。

科学技术的发展与进步推动着生产力的不断发展与

进步，工业革命从机械化进入电气化继而进入信息化时期，引发社会分工不断细化，对传统学校教育提出更加专业化、个性化的人才培养要求，传统学校教育模式的缺陷凸显。为适应生产力发展的需要，满足学习者个性化学习的要求，选课、选课制和学分、学分制在传统学校教育里产生了。

随着科学技术的不断发展与进步，工业革命进入信息化、网络化时期之后，科学发展加速、技术更新周期缩短，生产力对职业化、个性化人才培养提出了更高的要求，传统学校教育，无论其规模还是先进程度，都已经不能完全满足现代的学习者对个性化学习的各种要求。虽然传统学校教育也在建设研究型、创新型大学，加强学科、学术交流等诸多方面付出了努力，但仍不能完全满足现代的学习者对个性化学习的所有要求。这时，人的个性化学习要求以及社会对人力资本的投资已经外延、超越了传统学校教育的空间与时间，必须建立一种新的教育制度，这种新的教育制度应该更加能够满足学习者对职业化、个性化学习的要求。这就是职业教育与成人教育产生的内在原因。职业教育是成人教育的组成部分。成人教育的理念是：作为劳动对象的人，不仅需要学校教育，在其离开学校以后的职业生涯中，还需要继续进行不断的职业技能等的学习和教育。从这个角度来看，自然能理解教育理念从学校教育向成人教育再向继续教育延伸，最终发展为终身教育理念的建立。而教育理念是教育制度建立的指导思想。现代意义的传统学校教育模式是应工业化商品生产对专业化劳动者规模化培养的要求而进行设计并产生的。在当时，生产力水平对商品生产的劳动者、人才培养的要求还不高，只要健康的人在其自然成长过程中加上学校教育的学习、培养，就可以达到当时商品生产对劳动者专业化技能的要求。在那样的社会时期及生产力水平的要求下，传统学校教育模式是以完全能够满足生产力发展及社会的要求为前提而设计的，因此、对应于这个时期的教育理念是：健康自然的人，在接受完学校教育后，即成为具有专业化技能的劳动者，人们接受教育的活动到此结束。与之对应的教育理念也就自然地指向传统学校教育并延续下去。而事实上，人的学习行为从出生开始，就伴随其一生，无论其自觉不自觉、意识到没有，都处于不断的学习过程中，这是客观存在的。而随着生产力的不断发展、对人才培养的要求不断提高，传统学校教育也在不断做出适应性的努力，但仍不能满足学习者的所有个性化学习要求时，教育就必须对自身的教育理念进行反思，也就自然会发现传统学校教育理念的历史局限性，尊重人的学习行为从出生开始就伴随其一生的客观事实，进而提出终身教育的教育理念。由上述分析，不难看出：终身教育理念的提出有其历史必然性与内在的客观规律性。

其实，终身教育的思想最早可以追溯到古希腊哲学家柏拉图关于哲学的教育思想和亚里士多德的闲暇教育思想。在工业革命时期，成人教育大规模出现，标志着终身教育思想的初步确立。进入 20 世纪 90 年代后，终身教育的观点在国际上得到了广泛的认同。我国首次引入终身教育理论是在20世纪80年代，并于1995年全国人大通过的《教育法》中明确规定“国家适应社会主义市场经济发展和社会进步的需要，推进教育改革，促进各级各类教育协调发展，建立和完善终身教育体系”①

在春秋时期，晋平公问于师旷曰：“吾年七十，欲学，恐已暮矣。”师旷曰：“何不炳（秉）烛乎?”平公曰：“安有为人臣而戏其君者乎?”师旷曰：“盲臣安敢戏其君?臣闻之：少而好学，如日出之阳；壮而好学，如日中之光；老而好学，如炳（秉）烛之明。孰与昧行乎?”平公曰：“善哉!”这个时期就已经有知无涯而生有涯，活到老学到老，人自诞生之日起，学习就成为整个人类及其每一个个体的一项基本活动的终身教育思想。

终身教育观念的确立，实际上是教育反省自身传统教育观念，在尊重客观存在事实的基础上，对教育理念做出发展性的调整。它将传统学校教育的理念发展到了人的一生，超越了学校教育的时间与空间。

在教育主动服务于生产力发展的过程中，从现代传统学校教育理念产生开始，就伴随着学习者的个性化学习要求不断突破其时间、空间的情况：

从17~18世纪英国邮政发展产生的函授教育，就是为了适应和满足学习者个性化学习要求而产生并建立的，这是第一代远程教育。

---

① 赵芳. 终身教育是时代发展的必然 [J]. 科教文汇（旬刊），2013（10）.

随着无线电技术的发明、电视机的产生与发展，电气化时代的广播、电视教育是函授教育的继续与发展，这是第二代远程教育。

而在计算机及网络技术的产生与广泛应用的今天，信息化时代的网络教育是广播、电视教育的进一步发展，这是第三代远程教育。还有在20世纪80年代初期建立起来的、我国特有的高等教育自学考试制度，它们都是对传统学校教育时空突破的典型案例。

带有深刻的工业化生产烙印，以标准化、集约化、流水线方式培养人才的现代传统学校教育理念与终身教育理念是对立统一的矛盾的两个方面。其统一表现在这两种教育理念都是为生产力发展要求服务的，是相互依存的，相互不可取代，传统学校教育包含在终身教育之中，是终身教育的重要组成部分；其矛盾表现在不同时期生产力发展要求不同、导致矛盾运动的主要方面与次要方面的地位不同。这也说明了为什么在标准化、集约化、流水线方式培养人才的现代传统学校教育理念的不同时期，也有函授教育、广播电视教育、网络教育的同时存在，也有蒸汽机、发电机、计算机、网络技术的研究、创造、发明。同样，在满足个性化学习要求的终身教育理念的不同时期，也一直存在标准化、集约化、流水线方式培养人才的现代传统学校教育理念与教育模式。因此，只要人类社会存在商品生产，这两种理念与其对应的教育就会存在。这也是导致教育自身细化的根本原因。我国乃至世界高等教育向研究型、创新型、个性化人才培养与向实用性、应用型人才培养的细化趋势是符合这一矛盾运动客观规律的，是符合生产力发展对教育的两个不同方面要求的客观规律的。

从现代劳动经济学的角度来看，从学校教育理念的前半生学习、后半生工作，发展到终身教育的前半生学习、后半生边工作边学习的终身教育理念，社会对人力资本的投资体现为：从对人的前半生投资形成基本的人力资本，后半生回收投资资本利润，发展到对人的前半生投资形成基本的人力资本，后半生边回收投资资本利润，并继续投资形成人力资本增量从而获得更多的人力资本投资资本利润。这也是社会和上层建筑的教育积极为人的个性化学习服务，为生产力发展要求服务，不断为人力投资形成人力资本服务的内在动因。

从生产力的发展对教育发展推动的客观规律来看，从开始的现代意义传统学校教育模式设计的缺失，到学习者个性化学习要求的凸显，到选课、选课制和学分、学分制的产生，是学校教育内部环境里教育适应学习者的个性化学习要求的发展。在学校教育外的社会环境，从函授教育的产生、广播电视教育的产生到网络教育的产生与发展以及我国特有的高等教育自学考试制度的建立，职业教育、成人教育、继续教育至终身教育理念的确立，都是生产力发展要求的必然结果，是从低级逐步向高级、从内涵发展到不断外延而连续发展的，其目的都是为不断地、尽可能地满足学习者个性化学习要求而进步和发展的。那么，人类历史进步及社会发展到当今的“互联网+”时代，我们对人的个性化学习需求是否都能够给予完全的满足呢？

西方经济学认为，人类可以使用的物品和资源，包括自然资源、人力资源和人工制造的生产设备等，都是稀缺的，而人的欲望却是无限的。有限的稀缺资源不可能满足人的无限欲望。因此，人类必须在有限的资源条件下，将其有效地运用于满足人类最重要的目标上，这是资源稀缺规律。反之，如果资源能够满足人类的欲望，像阳光、空气一样容易获得，那么人就不必付出任何努力来获得这些物质生存资料，人人都可以随心所欲地得到自己想要的东西，就没有任何人关心不同的人或不同的社会阶层的收入分配是否公平的问题，就不需要制定相应的政策来协调和解决分配问题。因此，资源的稀缺性决定了人不可能无代价地获取满足生存需要的物质资料，稀缺的资源只能满足人们消费欲望的极小部分。因为人的欲望的无限性，所以在任何经济活动中，最重要的是有效地利用有限的资源。或者说，在资源稀缺的条件下对有待满足的目标进行选择，使稀缺资源得到有效率的使用。资源的稀缺性是西方经济学研究的起点，回答如何在稀缺条件下实现资源的有效配置和利用是西方经济学的根本任务。根据以上观点，如果我们把人的个性化学习需求看成是人的欲望，因为欲望的无限性与满足欲望的社会资源的有限性矛盾，因而不可能使人的个性化学习需求得到完全的满足，这是理论得出的结果。而事实上，教育资源特别是优质教育资源不可能集中在某一个范围，而是分布于社会的各行各业、不同的学校等，即分布于不同的时间、空间，使得学习者对其的获得并不容易，所以才有文人墨客“读万卷书、行万里路”，和尚、道士云游四海，武侠人物行走江湖，徐霞客旅游和唐僧西天取经等。这些都可以看成是对优质教育资源的追求与人的个性化学习的满足。由于资源分布的广泛性，在终身教育学习理念下，人一生的个性化学习可能发生在不同的学校、行业，不同的时间、地点，各种有效学习行为劳动创造的价值即学分获得于不同的时间、空间，人力资本的投资与形成也发生于不同的时间、空间。

也就是说：在终身教育理念下，人的一生在不同时期、地点、行业的个性化学习，将获得各种学习价值的学分进行人力资本的不断投资，累积为人力资本。人力资本将为投资人和社会不断地回馈利润。既然人一生的有效学习行为将获得价值，形成人力资本，并获得利润，就有必要对这些学分价值和人力资本进行有效的管理，使其资本更加有效地回馈利润。这就对教育提出了建立有效管理制度的要求。那么，教育如何来建立对学分价值和人力资本进行有效管理的制度呢？其实，在传统学校教育适应生产力发展要求的过程中，学分制的建立已经将教育对学习过程中的知识管理转化为对学习价值、人力资本进行有效管理了，只是其教育理念还局限在学校的时空环境内。当学分制在传统学校教育里内涵的充分发挥还不能完全满足学习者个性化学习的需要时，作为传统学校教育内部教育管理的学分制自然地向其外延发展，即建立一种新的能够完全满足学习者个性化学习要求的教育管理制度。这种制度应该是建立在学分制基础之上、包含学分制所有内涵并连续发展到更高一级的制度。由于其管理的对象是学分这种价值和人力资本以及它们具有的广泛性、社会性，而对应于价值、资本的最广泛的、社会的管理机构是银行，因此，我们把它叫做“学分银行”，准确地讲应该是学分银行管理制度。这就是“学分银行”这种新的教育管理制度产生的内在的必然原因。因此，学分银行教育管理制度的出现是时代的要求与呼唤，是自然的也是必然的结果。

什么是学分银行呢？我们可以简单地理解为：用银行的管理方式，对学习者的有效学习行为进行管理的一种教育管理制度。从其产生的内在的必然原因来看，这种教育管理制度应该比任何时期的教育管理制度更能适应学习者的个性化学习要求。“学分银行”这种现代教育管理制度，应该包含以往传统学校教育为学习者提供满足其个性化学习的所有内容，并超越其个体传统学校教育的空间与时间，外延至当代社会对学习者能提供的、满足其个性化学习要求的能力范围。

因此，“学分银行”这种新的教育管理制度是将学分制这种以传统学校教育内部的时间、空间为界限的教育管理制度，延伸到个体传统学校教育的时间、空间外的社会范畴的教育管理制度，其目的是在整个现代社会可能的范围内向学习者的个性化学习要求提供服务，满足其个性化学习要求。这样的目的决定了学分银行制度的建设，在制度本身的内容、形式及要求等各个方面都应以满足学习者个性化学习要求为宗旨。凡与其宗旨相悖的内容、程序与要求都应该摒弃与剔除。这也是学分银行制度建设内在的、根本的、符合社会生产力发展要求的理论依据。

第二节 “学分银行”建设的合理性、先进性

所谓“学分银行”建设的合理性或者说其先进性，是指在我们建设学分银行教育管理制度的过程中，应该遵循哪些原则才能符合客观事实要求与规律，使其更加合理，保持其相对的先进性。根据前述认识，至少要从以下三个方面考虑：

一、上层建筑顺应历史发展客观要求的程度

学分银行教育管理制度是个性化学习发展到特定的历史时期，社会生产力发展到一定水平，对教育、对社会上层建筑的客观的、历史的必然要求，但原有的经济基础与上层建筑中存在的一些因素，如一些制度、规定，各种管理权限与资源分布于不同部门、行业、机构单位等因素，形成对其既得利益的保护壁垒，已经不适应甚至阻碍这一制度的建设与发展。作为上层建筑的国家、政府、教育行政主管部门，应该主动适应并服务于经济

基础和生产力发展客观规律的这一要求而有所作为。因此，国家、政府、教育主管部门的推动就显得极为重要，其相应的法律、法规、规定、政策等的支持有利于打破既得利益的保护壁垒，剔除阻碍这一制度建设与发展的因素，也体现出上层建筑主动适应经济基础、生产力发展要求，对人力资本投资进行有效管理与利用、对学习型社会建设的信心与决心。因此，国家、政府、教育行政主管部门的法律、法规、规定、政策等的支持与推动，是学分银行教育管理制度建设合理性与先进性的标志之一。

二、对个性化学习要求的满足与服务程度

学分银行教育管理制度是在终身教育理念下，将人的一生在不同时期、地点、行业的个性化学习获得的各种学习价值的学分进行人力资本的不断投资、累积的有效管理，为投资人和社会不断回馈利润，推动社会经济的不断发展、社会财富的不断增加。这就明确说明学分银行教育管理制度要收集、储存、累积人的一生在不同时期、地点、行业的个性化学习获得的各种学习学分并对这种价值进行有效管理，使其在形成人力资本投资的过程中，为社会和投资人回馈更多的利润。因此，它能否更好地对人在各种情况下获得的学分进行收集、储存、累积以及有效的管理和应用程度对应着它的合理与先进程度，即对个性化学习要求的满足与服务程度是学分银行教育管理制度建设的合理性与先进性的标志之一。

三、学分有效性要求的市场化、社会化程度

学分银行教育管理制度是针对学习者的有效学习行为获得的价值抽象的学分进行管理。学习价值抽象表现为价格就是学分数。而价格背离价值是普遍的，价格与价值一致是偶然的，价格始终围绕着价值波动。学分银行对学分进行管理，其实也是通过对价值抽象表现的价格进行管理，即对有效学习行为的价格进行管理，通过对有效学习行为的价格管理来代替对有效学习行为的价值进行管理。这里就产生了学习行为的价格与对应价值的差异，如果价格背离价值太大，不能代表对应的价值，这时的价格就应该是无效的，因此要求代表价值的价格应该是有效的价格。而有效学习行为的价格就是学分标准。由学分标准具有的社会性、无限性和运动变化性可知：学分标准的准确、合理、先进的程度取决于其取得方式的市场化与社会化程度。如果学分标准形成方式的市场化、社会化程度不高，其人为的、主观的因素成分比重就大，使得价格可能偏离价值的程度越大。必须纠正一种错误的观点，即认为学分这种价值是由权威的机构或者专家制定的，或者说他们制定的学分标准就代表了其对应的价值。事实上学分这种价值是客观存在的东西，任何机构或者个人所制定的学分标准是否代表其对应的价值，必须通过市场化与社会化的比较认可，才能够大致代表其价值。而学分标准即价格可以由任何人或机构制定，只是权威的机构或者专家制定的学分标准可

能更接近价值本身，但能否代表其价值还是得通过市场化和社会化的比较认可，这是价值及其交换规律客观决定的。这就是学分标准制定的市场为王原则。

因此，学分有效获取的市场化、社会化程度是学分银行教育管理制度建设的合理性与先进性的标志之一。

以上三个方面大致可以体现“学分银行”探索与实践过程中，学分银行制度的设计与建设的合理性与先进性程度。

第三节 国外对“学分银行”的探索与实践

不同的生产力发展水平决定了不同的教育目的、内容与形式。我国生产力发展水平长期落后于西方发达国家，对学分银行教育制度的探索与实践也自然落后于发达国家。从20世纪末开始，构建终身教育体系已是世界各国教育发展的趋势，学分互认制度在国外许多国家推进开展，它有效地突破了传统学历教育的诸多限制，搭建起继续教育间的纵向衔接与横向沟通的桥梁，逐渐成为世界多国实现终身学习理念的重要途径。

“学分银行”教育管理制度，是“学分转换与互认”教育管理制度的一种借鉴模拟银行功能特点的比较有代表性的表现形式。国外目前只有韩国采取了这种做法。它和欧洲各国的“学分转换与累计系统”、美国的“学分衔接与转移政策”以及英国的“资格与学分框架”的核心内容是一致的，都是为了实现不同教育载体之间的学分转换和互认以达到教育持续化、普遍化、终身化的目的。因此，我们在收集国外文献的过程中以“学分转换与互认制度”的相关理念和实践为目标内容，而不仅仅是以“学分银行”为目标内容。这是因为，韩国、欧洲各国、美国、英国等国家较早开展了学分互认制度并推进得较为完善，它们在此领域积累了大量的研究成果和实践经验。通过对上述各国学分互认的实施情况进行归纳汇总、对比研究，借鉴它们的先进做法，为我国“学分银行”教育管理制度的建设提供参考，为我国终身教育体系的构建提供思路很有必要。以下是笔者收集到的相关情况。

案例1　韩国“学分银行制”（Academic Credit Bank System，简称ACBS）

1. “学分银行”体系的构建背景

韩国“学分银行”体系的建设始于1995年韩国教育改革委员会提交的《关于促进开放式终身教育社会和教育体系的革新设想》，从1998年开始实行“学分银行制”，成立了专门的研究实施机构“韩国教育开发研究院”，它主要对“学分银行”在实施过程中的问题进行研究，并提出改进方案，最终将改进方案运用到实践中，并通过授权教育机构和学分互认，建立一个连接正规教育和非正规教育的网络体系。1999年韩国政府颁布了《终身教育法》，通过立法保障了公民接受终身教育的权利，进一步明确了由“学分银行”作为终身教育的推动机制。

2. “学分银行”的功能及运行机制

“学分银行”的设立使高等教育不再是青年人的特权，不再是某个精英阶层的特权，它向所有愿意且有能力的学习者提供了教育机会。它废除了申请淘汰制，实行弹性管理制度，激发了民众参与终身学习的热情，有助于提高韩国的国民素质。

（1）受众群体：任何有学习意愿和学习能力的人，只要拥有高中学历、均可申请个人“学分银行”。

（2）学分获得标准：“学分银行”对学习者进行弹性管理，对学习者的学习时间、地点以及学习时间不做限制。学习者可以通过自己的工作、生活、兴趣和时间等安排学习活动，可以学一门考一门并获得一门的学分。

（3）学习成果认定和管理：由“学分银行”认定一批教育机构，包括获得认证的非正规教育机构，如大学附属终身教育中心、职业培训机构、私立教育机构等完成课程；获得某项资格认证并向“学分银行”申请学分认定；通过本科进修学位考试或者完成某项课程获得考试豁免资格；对于本科和大专的辍学生（肄业生），他们在高等教育机构完成的课程，学分银行予以承认，并赋予相应的学分。

（4）多种学习途径的认证：韩国教育科技部和终身教育国家研究院在专家的指导下联合开发了标准课程，它是每个学科领域的综合学习计划，它具体描述了教学目标、课程科目、文科课程、专业课程、选修课程、学分要求、学士学位要求以及评估和质量控制等。标准课程是学术学分银行的纲领性文件，它规定了学习者的学习内容和层次，以及一门课程结束后的预期学习目标。标准课程里规定的学习目标与正规高等教育的学习目标在同一个层次上，标准课程起到了统一和标准化的作用。

（5）学位取得标准："学分银行"对申请者不实行淘汰制，只要申请均有机会获得高等教育学位。学生只要在学分银行中累积够了学士学位要求的学分，就可以向"学分银行"提出申请，申请日期为每年的5月份和10月份，由"学分银行"向学习者授予学位。它是韩国和世界上首次向多种教育途径获得的学习成果授予学位的机构。

3. "学分银行"的特点

"学分银行"是国家认可的学位授予机构；主张开放性的学习和标准化的管理模式；它拥有强大的网络信息服务平台；对多种学习途径的认证主要是通过标准课程来实现的。

案例2　欧洲"学分转换与累计系统"（European Credit Transfer System，简称ECTS）

1. "学分转换与累计系统"的构建背景

欧盟成员国之间除了经济的一体化以外，文化教育的一体化也在不断探索发展中。1987年，欧盟在其成员国中开展了"伊拉斯莫"的高等教育合作计划，以通过大学生流动来促进交流和提高教育质量。1988年欧洲学分转换系统开始运行，最早只有145个高等教育机构参与，并且只涉及 5 个学科，随后参与的高校不断增加，学科范围不断扩大，并且延伸到非高等教育领域。在此期间，欧洲委员会通过资金补助、政策推动等方式来保证该系统的良好运转。1997 年，参与“伊拉斯莫”计划的国家成立了 48 个工作室，专门解决该系统建立初期所遇到的各种问题。1998—1999 年，就有 290 多个教育机构申请加入“学分转换与累计系统”，系统至今运转良好，对欧洲文化教育一体化建设做出了卓越贡献。

2. “学分转换与累计系统”的功能及运行机制

欧洲有 40 多个国家和地区，有上千所高等教育机构，它们之间的学分制度差异很大，“学分转换与累计系统”在尊重欧洲各国学分教育的多样化的同时倡导交流与统一。学生进行跨国学习，参与系统的派出学校、学生、接收学校三方需要签署相关协议，包括了记录学生跨国学习的课程学分和学分绩点，进行测量、比较和转让，完成学习成果的互认等内容。

（1）受众群体：主要针对高等教育，受众群体为本科生和研究生。

（2）核心是学分的分配。一个全日制学生一年的学习量为 60ECTS 学分，60ECTS 学分可以分配给所有类型的学习项目，既可以是一个学期的课程，也可以是短期的模块课程；学分既可以分配给单个课程科目，也可以分配给课程模块。这种分配方式将学习成果分解，有助于学习成果在高等教育机构间的互认。

（3）统一学分的标准是学习效果和课业负荷量。教师通过估计完成课程或课程模块所需要的时间，用时间表示学生课业负荷量，并与课程单元所取得的学分相匹配。1 个 ECTS 学分代表了 25~30 个小时的课业负荷量。学习效果则通过提交作业、论文、网上测试等多种方式评估。

（4）学位取得标准：在“学分转换与累计系统”中，当学生累积够了学位申请资格要求的学分数量，就可以申请学位证书。一般而言，本科阶段修满了 180~240 学分就可以获得学士学位，研究生阶段修满 180 学分就可以获得研究生学位。学生可以选择授予学位的学校，既可以在接收学校获得学位，也可以在派出学校获得学位。

3. “学分转换与累计系统”的特点

它的特点有：促进了欧洲文化教育一体化的推进，是国家之间高等教育学分成果的互认；受众群体主要针对本科生和研究生群体；该系统是服务平台及资格认可方，学位授予由高校进行；需要通过签订相关协议来确保实施；以学生为中心的学分分配制度；学习时间是进行不同学习效果认定的核心因素。

案例 3　美国“学分衔接与转移政策”（Credit Link and Transfer Policy）

1. 美国继续教育实施的背景

美国“学分衔接与转移政策”是伴随着终身教育的发展而实施起来的，美国终身教育的发展有着明确的立法保障。1966 年，美国通过了《成人教育法》，确立了美国成人教育的法律地位，为美国终身教育的开展奠定了良好的基石。1976 年，美国又制定了《蒙代尔法》，从各个方面对终身学习的实施进行了规定与计划。1997 年，美国教育部提交了《1998—2002 年教育发展的战略计划》，确保所有的学生都能获得正规高等教育和实现终身学习。随着终身教育的推进，“学分衔接与转移政策”应运而生。美国许多院校有院校间的学分衔接框架，拥有系统、完整的学分衔接方案。各高校虽然要求不尽相同，但一般都通过协议来实现。

2. “学分衔接与转移政策”的功能及运行机制

美国教育的行政权力分属于各州，因此每个州几乎都制定了适用于本州的学分转移政策。但是，根据美国政府的要求，各个州的学分转移办法也存在一些共性，在评估学分时，主要有三个标准：

（1）转出院校的认证类型。认证是为了便于学分转移，从而向学生、家长和公众表明，该机构在师资、课程、学生服务和设施方面符合基本标准。认证类型分为地区认证和国家认证。

（2）按照衔接协议或转移协议进行评估。衔接协议是方便学生在院校之间进行学分转移的常见政策工具。美国一般都在院校层面定义衔接框架，由各个院校和大学自行开发。

（3）转出院校和接收院校课程的相似度。在没有统一的学分衔接协议的情况下，学生学分是否能够转移取决于接收院校的选择，一般课程不同，能够转移的学分也不同。各院校会通过课程大纲或者与转出院校相关人员的联系，将对方课程与自己学校的课程进行对比，最后得出评价。

3. “学分衔接与转移政策”的特点

不同于欧洲各国与韩国等国家，美国没有一个专门的机构来组织策划高校间的学分互认，而是由国家通过立法强调了继续教育、终身教育的重要性，随着学生在不同高校不同州之间交流学习需求的增加，合作高校之间通过协议制定了相关政策来保证学分的衔接和转移。

案例4　英国“资格与学分框架”（Qualifications and Credit Framework，简称QCF）

1. “资格与学分框架”的实施背景

1963年英国推出了《罗宾斯报告》，该报告指出“高等教育的课程应该向所有有能力的人开放”，并“给予学生从一所学校转到另一所学校学习的机会”。1986年，英国国家学历颁授委员会正式出台了学分累积与转换系统，该系统规定了获得资格证书或文凭的相应学分标准，以指导院校之间学分的累积与转换。2011年，英国发表了《学分和高等教育资格：英格兰、威尔士和北爱尔兰的学分指南》，提出了构建“资格与学分框架”的思路，这一指南不仅为教育机构运作学分累积与转换提供了指导，而且还由此奠定了高等教育学分机制的基础。

2. “资格与学分框架”的功能及运行机制

（1）受众群体：主要面向职业教育。

（2）管理机构：由官方机构“资格规范机构与专业

技能委员会”进行管理。没有统一的课程标准和教学大纲，由各类被认可的组织根据规范要求制定自己的标准与制度。

（3）学分获得途径：以单元为最小的学习模块，方便学习者学习、组合，学分可以重复折算而无须重修。还将行业培训和非正规学习都纳入体系，为全英国学习者、学习提供者和雇主提供了一个包容、弹性、规范的资格框架。该框架中的评估单元与资格可以在最大可能的范围内认可具有质量保证的任何领域、任何级别的学习成果。

（4）学位授予：“资格与学分框架”各类具有资格规范机构认可的颁证组织可根据规范向学习者授予学分并颁证，QCF 建有功能强大的信息服务平台。

3. “资格与学分框架”的特点

它是开放式的面对职业教育的系统，有专门的管理机构和强大的信息平台，相关教育机构通过授权认可参与到该体系中并授予学位；学习模块化、单元化，方便学习累计。

以上仅仅是我们见到的生产力相对发达 、“学分银行”领域探索与实践相对领先的发达国家对“学分银行”教育管理制度建设与探索的情况，不一定全面。但我们可以根据仅仅了解的这些情况，从其合理性与先进性的三个方面进行比较，来看它们的探索与实践情况、判断其合理与先进程度。同时，由此也可见国外“学分银行”建设与实践的一斑。

第四节　我国对“学分银行”的探索与实践

在我国，随着改革开放的深入，生产力发展水平不断提高，对教育也提出了新的要求。1995 年，由全国人民代表大会通过并颁布实施的《中华人民共和国教育法》中提出“国家适应社会主义市场经济发展和社会进步的需要，推进教育改革，促进各级各类教育协调发展，建立和完善终身教育体系”，明确了终身教育的法律地位。

党的十七大报告提出“建设全民学习、终身学习的学习型社会”作为优先发展教育、建设人力资源强国的重要任务，明确指出了在全面建设小康社会的进程中，不仅要全面实现经济与社会发展目标，而且要着力构建终身教育体系，将我国建成学习型社会。

《国家中长期教育改革和发展规划纲要（2010—2020 年）》中明确提出，要“建立继续教育学分积累与转换制度。实现不同类型学习成果的互认和衔接”，“建立学习成果认证体系，建立‘学分银行’制度”。紧接着，国务院办公厅《关于开展国家教育体制改革试点的通知》（国办发〔2010〕48 号）把中央电大和五家省级电大作为开放大学体制改革试点单位，目的就是要“探索开放大学建设模式，建立学习认证和‘学分银行’制度，完善高等教育自学考试、成人高等教育招生考试制度，探索构建人才成长的立交桥”。

在这样的历史背景与客观环境的要求下，我国的部分高校在相关教育行政部门的支持下，对“学分银行”教育管理制度也进行了不同程度的实践与探索。

一、国内学者对“学分银行”的研究

20 世纪 90 年代末，“学分银行”这一概念才由学者翻译过来，至今有十余年的发展时间。总体来说，我国对于“学分银行”教育管理制度的研究才刚刚起步，做法也属于摸索试点阶段，很多学者在架构或机制方面都已经进行了理论探讨和表述。

上海教育科学研究院的杨黎明研究员，在 2009 年以教育部重点课题的方式进行了“构建我国学分银行的理论与实践研究”。他提出“学分银行”创建的核心要素是课程，必须对课程进行标准化建设，制定各级各类教育的衔接课程，提出了各种课程衔接的个案模型，提出上海市“学分银行”创建的五个子系统：课程标准子系统、学分累积子系统、学分互认子系统、学分兑换子系统、学分诚信子系统。他认为“学分银行”的构建需要 5 大支持体系，即相应的法律制度、完善的组织机构、规范的课程标准、科学的转换机制以及开放的服务体系。

中国教育发展战略学会会长郝克明研究员从战略的层面认为，要站在全世界推进终身学习的高度，把“学分银行”作为一种教育管理模式进行宏观探讨。“学分银行”就是在终身学习理念的推动下，在不同类型教育间（包括不同形式学历教育、非学历教育的不同课程）以学分认定、累积和转换为主要内容的一种新型的学习制度和管理制度。它实质上是一种模拟或者借鉴银行的某些功能特点，对不同类型学习成果通过学分进行认证、累积、转换的一个形象化的表述。

学者邓澳利在其《学分银行制度研究》一书中设计了学分银行制度的运行框架，它由学分银行系统、选课系统、兑换系统及评估委员会系统四个元素组成，各部分按照存分、兑分机制协调运行。

国家相关法律、政策及教育理论的认识都体现出我国上层建筑对学分银行教育管理制度建设的重视与决心，在此基础上，我国部分教育主管部门与高校也进行了积极的探索。

二、国内“学分银行”的实施现状

国内对学分银行的研究主要集中在理论研究、国外学分银行介绍以及学分银行的实践研究三个方面。相对而言，对学分互换和认证的研究较少，对国外学分银行实践的研究偏多。形成这种局面的主要原因是“学分银行”本身是一个舶来品，又是一个实践性话题，因此，找到适合我国国情的“学分银行”教育管理制度体系，还需要在借鉴的基础上做大量的落地研究。国内“学分银行”教育管理制度的实施主要有以下特点：

（1）以教育主管部门为主要的政策制定方，依托高校的管理服务平台，以区域试点的形式展开。其中，做得比较好的有：上海市教委支持下的上海终身教育“学分银行”（Shanghai Academic Credit Transfer and Accumulation Bank for Lifelong Education）和教育部“学分银行”制度研究与实践项目下的国家开放大学“学分银行”。

（2）国内“学分银行”建设处于试点实施阶段，不像国外已相对比较成熟，故暂时还没有一个具有普遍指导作用的标杆模式可以被广泛借鉴。

（3）从某种层面来说，我国高校并没有实施真正意义上的学分制，继续教育涉及面很广，基础又比较薄弱，一些方面还不规范，研究也不够。这些现状都会使“学分银行”的建设面临很多困难，但这也同时凸显出它的重要意义，值得研究。通过“学分银行”制度建设可以规范继续教育、提高教育质量、推进终身教育体系和学习型社会建设。现将我们收集到的内容介绍如下：

案例 1　上海市终身教育“学分银行”体系介绍

管理体制：2012 年 8 月上海终身教育形成了“一校、一行、一院”的终身教育“学分银行”体系，包括“上海市终身教育学分银行”、依托华东师范大学建立的“上海市终身教育研究院”以及上海开放大学。学分银行由上海市教委组建与领导，上海开放大学具体实施建设与运行，管理中心设在上海开放大学。

运行机制：上海市终身教育“学分银行”是以继续教育学分认定、积累和转换为主要功能的学习成果管理与终身学习服务中心，旨在搭建终身学习“立交桥”，满足市民多元化学习和发展的需要。上海的学习者通过把自己的学习成果存入学分银行（包括学历教育、职业培训、社区教育、老年教育等），经过“学分银行”的认证，就可以转化为合作高校相应课程的学分。当学分累积到一定程度时，学习者可按规定将其转换为相应的证书和文凭。

覆盖范围：“上海市终身教育学分银行”已和上海交通大学、同济大学、华东师范大学等 25 家高校和教育机构达成合作关系，可以实现 139 种职业资格证书与商务英语、工商管理、计算机应用技术、会计、物流管理、行政管理 6 个专业 166 门课程的学分互认。随着学分银行的不断发展，学分认定的范围将继续扩大到工作经历经验、成绩奖励、专业技术职务、研究发明成果等范畴。

上海市终身教育“学分银行”介绍

构建“学分银行”是建设上海市终身教育体系和学习型社会、满足市民多元化学习要求的需要，是落实国家和上海市中长期教育改革和发展规划纲要中建立“学分银行”制度、搭建终身学习的“立交桥”要求，完善上海市终身教育体系的有效措施之一。上海市终身教育“学分银行”（以下简称“学分银行”）是面向上海市学习者，以终身教育学分认定、累积和转换为主要功能的学习成果认证管理中心和转换服务平台，其目标是搭建终身学习的“立交桥”，推进上海市终身教育体系和学习型社会建设。“学分银行”由上海市教育委员会主办和管理。

一、“学分银行”业务介绍

1. “学分银行”有哪些主要功能？

（1）学分认定：学分认定是将学习者已有学习成果认定存入“学分银行”的过程。

（2）学分积累：学分积累是将学习者经“学分银行”认定的学习成果存储管理的过程。

（3）学分转换：学分转换是将学习者积累的学习成果转换为继续学习的高校（机构）学分的过程。

2. “学分银行”的学分有几类？

“学分银行”的学分分为学历教育、职业培训和文化休闲教育（社区教育、老年教育等）三类。其中，部分职业培训证书可转换为学历教育学分，文化休闲教育的学分不能转换为学历教育的学分。

3. 什么是个人学习档案？

“学分银行”个人学习档案记载学习者包括学历教育、职业培训和文化休闲教育等学习成果，学习者在“学分银行”开户后即拥有个人学习档案，学习者可在“学分银行”网站查询个人学习档案。

二、学习者如何在“学分银行”开户

学习者可在“学分银行”网站提交开户申请，并持身份证到就近的“学分银行”分部办理开户手续，成为“学分银行”的用户。“学分银行”高校网点在校学生可由学校组织进行“学分银行”开户。如图 8.1 所示。

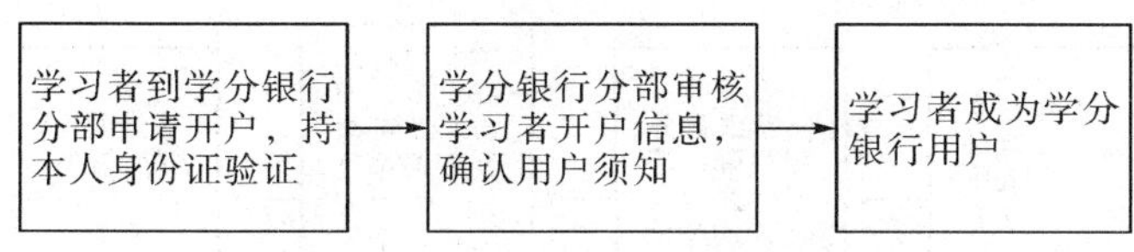

图 8.1　学分银行开户流程图

三、学习者如何认定已有的学习成果

1. 学历教育学分

学习者持国民教育系列学历教育成绩证明提交认定申请，经“学分银行”认定后存入“学分银行”。

2. 职业培训学习成果

职业培训等证书经“学分银行”认证进入“学分银行”职业培训等证书目录，学习者持该目录中的证书提交认定申请，经“学分银行”认定后存入“学分银行”。

3. 文化休闲教育

各区县社区学院、老年大学申报的文化休闲教育学习项目（课程、学习活动），经“学分银行”认证进入“学分银行”文化休闲教育学习项目目录。学习者学习该目录中的项目成绩，经“学分银行”认定后统一可存入“学分银行”。

四、学习者的学习成果如何存入“学分银行”

1. 个别存入

（1）学历教育成绩存入：学习者可在“学分银行”网站提交成绩存入申请，持学历教育成绩证明原件到“学分银行”分部办理存入手续，经“学分银行”认定后的成绩可存入“学分银行”。如图 8.2 所示。

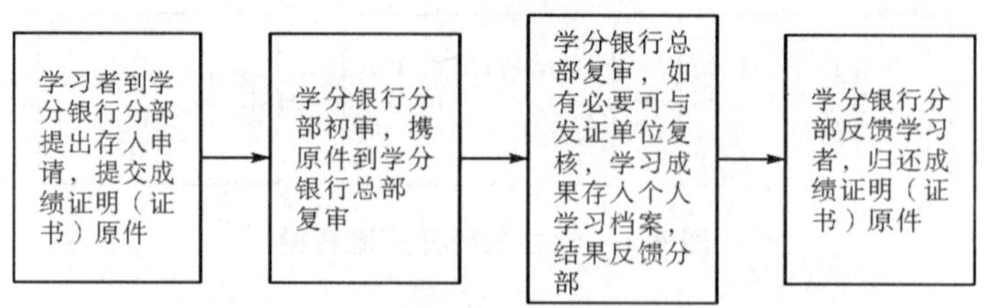

图 8.2　学习成果个别存入学分银行流程图

（2）职业培训等证书存入：职业培训等证书经“学分银行”认证进入“学分银行”职业培训等证书目录。学习者获得该目录中的证书，可在“学分银行”网站提交证书存入申请，持证书原件到“学分银行”分部办理存入手续，经“学分银行”认定后的证书存入“学分银行”。

2. 集中存入

（1）学历教育和职业培训学习成果的集中存入：“学分银行”高校网点等办学机构将本校学习者的学习成果集中存入“学分银行”；学习者在“学分银行”开户后才能使用集中存入的学习成果信息。

（2）文化休闲教育学习成果的集中存入：各区县社区学院、老年大学申报的文化休闲教育学习项目（课程、学习活动），经“学分银行”认证进入“学分银行”文化休闲教育学习项目目录。学习者学习该目录中的项目，所获得的学分由所在区县社区学院、老年大学统一存入“学分银行”。如图 8.3 所示。

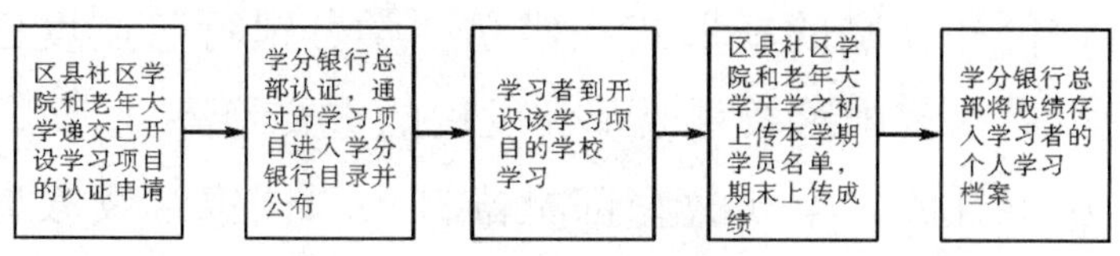

图 8.3　文化休闲教育学习成果存入学分银行流程图

五、学习者如何使用存入“学分银行”的学习成果

1. 学历教育学分和职业培训等证书

学习者可选择继续学习的高校（机构），用积累在“学分银行”的学习成果到高校（机构）网点申请学分转换；高校（机构）网点按规定办理学分转换；学习者在该高校（机构）继续学习，获得其学历证书或职业培训证书。如图 8.4 所示。

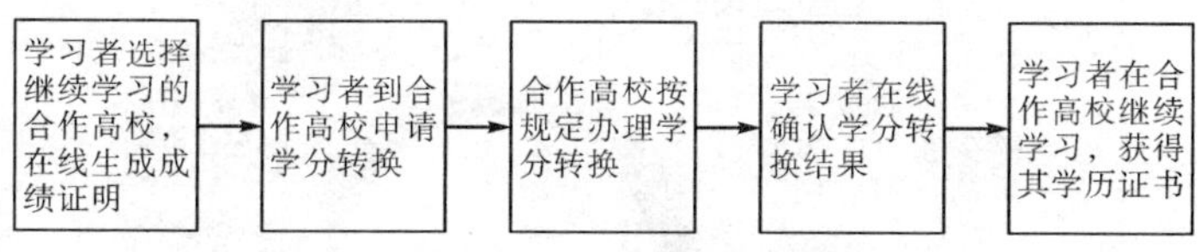

图 8.4　学分银行学历教育学分转换流程图

2. 文化休闲教育学分

学习者积累在“学分银行”的文化休闲教育学分及其他学习成果，可作为激励市民终身学习的依据。

案例 2　北京国家开放大学“学分银行”介绍

简介：“学分银行”模拟、借鉴银行特点，以学分为计量单位，对学习者的各类学习成果进行统一的认证与核算，是具有学分认定、积累、转换等功能的新型学习制度和教育管理制度。“学分银行”是学习者获取学历文凭、职业资格证书的新渠道，是自学成才的新途径，是获得评价和鼓励的新形式。建立“学分银行”制度已经成为世界众多国家教育改革和发展的重要趋势。

国家开放大学获教育部批准开展“国家继续教育学习成果认证、积累与转换制度的研究与实践”项目，探索建立国家“学分银行”制度。国家开放大学“学分银行”是国家“学分银行”制度的组成部分。它以服务全民学习、终身学习的学习型社会建设为宗旨，致力于为组织机构与社会成员开展学历教育、非学历教育以及其他形式的学习成果认证、学分积累与转换服务，是面向全国的继续教育学习成果认证管理与服务体系。

个人业务（如图 8.5 所示）：

图 8.5　个人业务

国家开放大学“学分银行”致力于为各级各类社会成员提供继续教育学习成果认证、积累与转换服务，以及学习产品推荐、学习计划咨询等增值服务。

服务内容：

● 学习成果认证：对各种学习成果，特别是非学历教育证书和其他无一定形式学习成果（如工作经历、技术创新、奖励、发布论文等）按照一定规则进行认定，并转换成一定的学分；

● 学习成果转换：按照个人客户需要，提供各种可能的学历文凭、资格证书等不同学习成果之间的转换；

● 学习成果管理：为个人客户建立学习账户或终身学习档案，提供学分存储、积累等学习成果管理服务；

● 学习成果证明：根据学习成果“存款”的类别与数量，为个人客户提供多种学习成果社会价值的评价与证明（证书）；

●学习产品推荐：根据个人客户的转换需求，推荐能实现其预期转换结果且被权威认证的学习产品。

● 咨询与建议：提供各种与“学分银行”相关的咨询和学习方面的建议。

对公业务（如图 8.6 所示）

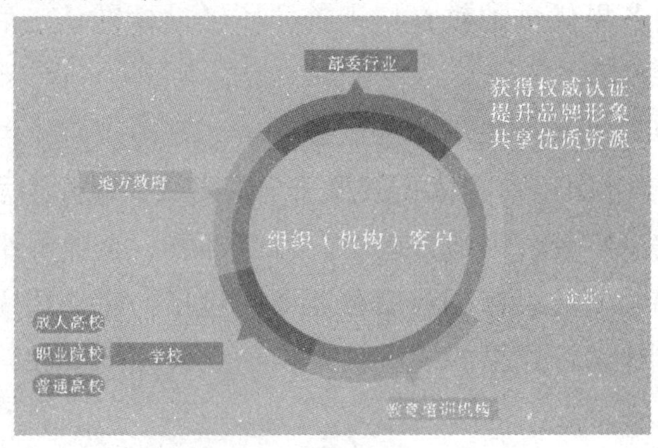

图 8.6　对公业务

“学分银行”利用自身优势与功能，积极服务于地方学习型社会建设、行业部委学习型组织和企事业单位以及社会教育培训机构，提供教育培训成果的转化、教育资源的引进与输出、学习成果的管理与服务、教育培训机构的管理与服务、学分银行定制性服务、其他延伸服务等。

服务内容：

●教育培训成果的转化

“学分银行”根据一定的标准，对组织内部教育培训项目进行权威认证，符合标准的可纳入“学分银行”认证培训项目。社会成员就读该培训项目后，可获得“学分银行”学分，使该教育培训项目更具权威性、公信力和效用。

●教育资源的引进与输出

“学分银行”为组织推荐海量、优质的教育培训资源，同时，借助于“学习超市”平台，“学分银行”吸纳社会各界优质的教育培训资源，经过标准认定后，向全社会推广。

● 学习成果的管理与服务

“学分银行”将依托其覆盖全国的认证服务体系以及网络信息平台，为地方政府、行业部委、企业等组织开展内部学习成果管理与服务业务，包括：建立相应的规范和各种学习成果的统一认定，建立管理档案和信息系统等。

●教育培训机构的管理与服务

“学分银行”通过国内权威的标准和程序对各类教育培训机构进行认定，将认定后的优秀教育产品及机构向社会推荐，并通过这种优胜劣汰的管理方式，配合政府进行教育培训市场的管理。

●“学分银行”定制性服务

“学分银行”利用自身对教育资源整合的功能，根据政府或学习型组织的需求，组织设计合适的教育培训方案，推荐相应的教育培训机构和教育资源，进行考核与效果评估等。

●其他延伸服务：为政府学习型组织提供发展水平与状况的信息、数据、报告与证明，为所属员工提供各种学习发展及相关通道的咨询与建议。

案例3

关于在广西师范大学开展
高等教育自学考试学分银行试点工作的通知

广西师范大学：

为贯彻落实国家和自治区《中长期教育改革和发展规划纲要（2010—2020年）》精神，探索建立继续教育学分积累与转换制度，进一步推进我区高等教育自学考试学分银行试点建设，使自学考试更好地适应经济社会发展的需求，经研究，决定在你校开展高等教育自学考试学分银行（以下简称自考学分银行）试点工作。现将有关事项通知如下：

一、指导思想

认真贯彻落实党的十八大和十八届三中、四中全会精神，按照《高等教育自学考试暂行条例》、《国务院关于深化考试招生制度改革的实施意见》（国发〔2014〕35号）及国家和自治区《中长期教育改革和发展规划纲要（2010—2020年）》要求，进一步推进我区高等教育自学考试学分银行试点建设，探索构建不同类型学习成果互认和衔接的终身学习“立交桥”。

二、组织领导

自学考试学分银行试点是我区自学考试“十二五”规划主要任务之一，已列为自治区招生考试院重点工作。请你校务必加强组织领导，及时组建高等教育自学考试学分银行委员会，并成立相应的工作机构，确保试点工作顺利推进。

三、试点对象

试点对象以有意获取第二学历的全日制普通高校本科及以上层次在校生为主，也可以探索面向已取得国民教育系列本科毕业证书的社会考生。

四、试点专业

试点专业在我区开设的高等教育自学考试专业中选取。请你校根据实际情况及专业优势选择试点专业，报我办审核备案后开展相关工作。

五、试点专业的课程学分认定原则

自学考试学分银行试点专业的课程学分认定，应以全日制普通高校本科生所修名称相同或相近的课程合格成绩为学分认定基础。

1. 公共课的课程学分认定

取得全日制普通高校本科公共课的合格成绩，可以兑换自学考试学分银行试点专业中名称相同或相近的公共课的课程学分。

2. 专业课的课程学分认定

取得全日制普通高校本科专业课的合格成绩，可以兑换自学考试学分银行试点专业中名称相同或相近的专业课程学分，但兑换的专业课程不得超过其专业课程总数的1/3，余下2/3的专业课程必须参加自学考试全国统考。

3. 取得相关证书的认定

取得相关证书的全日制普通高校本科生，可以依据取得的证书与自学考试课程知识结构的相关性或对等性，兑换自学考试学分银行试点专业中的公共课程学分和专业课程学分，但兑换专业课程学分须在“专业课的课程学分认定”所限定的1/3范围内。

在此基础上，也可以探索自学考试课程学分与相同层次全日制普通本科部分课程学分的兑换办法，从而实现全日制普通本科与自学考试本科层次部分课程学分的互认。

六、毕业条件

考生按相关专业课程设置与学分的规定取得全部课程的合格成绩及学分，完成规定的毕业论文（设计）或其他教学实践任务，思想品德鉴定合格，准予毕业，并取得国家承认其学历的自学考试本科毕业证书。

七、学位授予

依照《中华人民共和国学位条例》，对符合学士学位申请条件的考生，可授予相应的学士学位。

八、其他事项

请你校按照本通知要求，制定实施细则报我办审核备案，有序开展试点具体工作。在试点进行中，如遇到突出问题，请及时与我办联系，协商解决。请你校及时做好试点工作总结，为我区高等教育自学考试学分银行建设积累经验，以促进自学考试改革发展。

广西壮族自治区

高等教育自学考试委员会办公室

2015 年 7 月 30 日

案例 4

高等教育自学考试学分银行试点工作实施细则（试行）

根据《关于开展高等教育自学考试学分银行试点工作的通知》（桂考委办〔2013〕20 号）精神，结合我校工作实际，制定本细则。

一、认证对象

在试点阶段，学分银行认证对象仅限于广西大学 18 个自考学分银行试点专业的在校自考助学班学生。专业代码及名称如下：

专科：A020039 会计、A08037 房屋建筑工程、A020042 工商企业管理、A020040 市场营销、A020041 金融、A020205 人力资源管理、A030023 行政管理、A050033 室内设计

本科：B020011 会计、B080029 建筑工程、B020012 工商企业管理、B020208 市场营销、B020106 金融、B020218 人力资源管理、B030011 行政管理学、B050432 室内设计、B080023 计算机及应用、B082231 工程造价管理

二、学分银行的课程分类

（1）核心课程：指学生必须按照考试计划通过自学考试获得学分的课程。核心课程原则上为取得该专业学历所需总学分的50%左右。

（2）非核心课程（通识课程）：该类课程没有必须通过自学考试的硬性要求，学生可通过别的渠道所获得的学分来兑换这部分课程对应的学分。

三、学分银行的学分构成

（1）核心课程学分为硬性学分指标，不可被兑换，只能通过自学考试获得。

（2）非核心课程学分为弹性指标，学生可以用学分银行认定的任何课程（课程不能是所修专业的核心课程）或证书来兑换成相应专业的非核心课程的学分。

当学生通过核心课程并在学分银行积累的学分达到其申请专业的学分要求后，即可获得该专业的学历证书。

四、学分银行的学分认定原则

（1）同等互认。全日制普通高等教育学生申请自学考试同等学历的学分认证。

（2）高往低认。高一层次的全日制普通高等教育学历学生申请低一层次的自学考试学历而进行的学分认证。

（3）低往高认。低一学历层次的全日制普通高等教育学生申请高一层次的自考学历而进行的学分认证。

（4）自考系统内部等值通兑。在自学考试内部系统中，本科与专科的课程如名称及代码相同，可等值通兑互认学分。

（5）同类别不同等级证书的使用。用同一类别不同等级的证书来兑换学分时，只兑换其中一个级别；其后如获得更高等级的证书，可申请兑换相应增量部分的学分。

（6）认定的学习成果具有重复使用性。用来兑换学分的课程或者证书（在有效期内）均可在申请不同层次、不同专业时重复使用。

五、学分银行的学分兑换标准（待修订）

A类——普通全日制高等学历教育学分。学习者可将取得的课程学分按照一定的系数来兑换成其所要认证的自学考试各专业的非核心课程学分。对与认证专业考试计划中非核心课程名称相同或相近的各学历层次的课程，学分兑换标准如表8.1所示：

表 8.1　学分兑换标准

学习者原学历层次	学习者目标学历层次	已取得的课程学分	兑换系数	兑换后的学分
大专	大专	W	1.0	1.0W
大专	本科	X	0.7	0.7X
本科	本科	Y	1.0	1.0Y
研究生	本科	Z	1.3	1.3Z

对与认证专业考试计划中非核心课程名称不同的各学历层次的课程，学分兑换标准如表 8.2 所示：

表 8.2　学分兑换标准

学习者原学历层次	学习者目标学历层次	已取得的课程学分	兑换系数	兑换后的学分
大专	大专	W	1.0×0.8	1.0×0.8W
大专	本科	X	0.7×0.8	0.7×0.8X
本科	本科	Y	1.0×0.8	1.0×0.8Y
研究生	本科	Z	1.3×0.8	1.3×0.8Z

B 类——自学考试学历教育学分。在自学考试内部系统中，本科与专科的课程名称及代码相同的，实行等值通兑。对与认证专业层次考试计划中非核心课程名称（代码）不同的课程，均乘以 0.8 的兑换系数。

C 类——职业培训及休闲文化教育学分。

C1 类——职业培训学分：学习者可凭学分银行认定的职业资格证书、从业资格证书、执业资格证书等学习成果，兑换其认证专业层次的非核心课程学分。学分的兑换必须在证书有效期内。

C2 类——文化休闲教育学分：学分银行按照学习者所取得的文化休闲类等级证书在有效期内兑换成该学习者所要认证专业层次的非核心课程学分。

六、课程设置和学分置换查询

学生可下载本细则的附件《学分银行试点专业的核心课程与非核心课程设置》、《学分银行兑换分值列表》查阅。

七、学分兑换申请程序

（一）学分银行账户的开设及账户保持

（1）学分银行账户开设：学生登录广西大学自考学分银行管理系统，用准考证号、身份证号开通学分银行账户。学生毕业出口转为按学分银行的标准进行审核。

（2）学分银行账户保持条件：为便于开展学分银行试点工作和保证实验数据的严肃性，已开通学分银行账户的学生如中途退学的，其账户予以注销，同时账户内的学分全部清零，毕业出口转为按普通自考毕业程序办理。

如果有特殊原因必须暂停学业的，可申请办理休学手续，账户转为休眠状态。办理复学手续的同时，可重新激活账户，账户内学分继续有效。

开通了学分银行账户的学生，学制结束仍未能完成学业的，学分银行账户予以保留，账户内学分继续有效。在学分存储达到其申请专业层次的学分要求后，即可办理该专业层次的学历证书。

（3）学分的存储：学生可把已考过的课程及证书通

过系统存储到学分账户，需要兑换时再取出兑换。

（4）学分银行账户内学分的有效期：账户内的学分从成功兑换之日起算，有效使用期限为10年。达到有效期限后，系统自动注销相应学分。

（二）学分认证时间

（1）初审阶段：每年3月和9月上旬（双休日除外）。学生登入自已的学分银行账户，将存储的学分进行指定专业学分兑换，并在系统内打印学分兑换审核表（一式两份，现阶段审核表需要粘贴学生本人1寸相片）。将审核表和认证所需材料送交本学院成教部进行初审。各学院成教部对学生送审的材料核查确认后，在学分兑换审核表上盖学院章，相关认证材料复印件上也需验证人签字、盖学院章。

（2）复审阶段：每年3月和9月下旬（双休日除外）。各二级学院将已进行初审的学分认证申请表和学生上交的认证所需材料统一送继续教育学院自考科进行复审。

（3）审批阶段：每年4月和10月。由继续教育学院自考科将复审的学分认证申请及材料报送区自学考试委员会（学分银行委员会）进行审批。

（三）学分认证所需材料

（1）自学考试准考证和我校自考助学班学生证复印件。

（2）学分银行认定的相关证书原件及复印件。

（3）如用普通高等学校专（本）科毕业证申请学分

或普通高等学校专（本）科结业、肄业生申请学分认定的，除需提交毕业证或结业、肄业证原件、复印件外，另需提交加盖原学校教务处公章的学籍成绩单。

（4）学分兑换审核表一式两份。（学分银行系统内直接打印）

以上材料均需装在材料袋里送审，材料袋面写清楚学院、专业名称及代码、准考证号、姓名和申请学分数。

（四）学分认证资费（试点期间不收费）

按30元/学分标准收取。

按最后核定的学分统一收取认证费。

（五）学分认证结果查询

学分认证结果查询时间与每年5月、11月自学考试成绩公布时间同步，学生可通过自己的学分银行账户查询。

八、学分银行学生毕业条件及毕业申请程序

（一）毕业条件

（1）通过该专业层次考试计划中的所有核心课程。

（2）学分银行账户内学分（不含核心课程学分）总额大于或等于该专业层次考试计划中非核心课程所占学分的总和。

（3）通过毕业论文答辩。

（二）毕业申请程序

（1）毕业初审阶段：上半年4月和下半年10月自考成绩公布后一周内，学生即可向本学院提交毕业申请及相关材料。由学院进行核查，打印毕业预审表、学生学分银行账户明细表并签字、盖学院章，核查清楚后打印毕业生登记表。

（2）毕业复审阶段：各二级学院将已进行初审的毕业申请材料如毕业预审表、学生学分银行账户明细表、毕业生登记表及学生上交的认证所需材料原件放在档案袋里，统一送继续教育学院自考科进行复审，袋面右上角要用铅笔标明学院和“学分银行”字样。具体时间安排以届时通知为准。

（3）毕业审批阶段：每年6月和12月，由继续教育学院自考科将已复审的学分银行学生毕业申请及相关材料报送区自学考试委员会（学分银行委员会）进行审批。

九、学分银行毕业生学位申请条件

（1）核心课程部分的平均分达到70分。在毕业后的2年内为有效申请时段。

（2）必须在我校参加全区统一的学位外语考试并获得及格以上成绩（考试每年7月举行一次，成绩永久保留）。

（3）必须获得全国计算机等级考试一级（含一级）以上证书（考试每年3月、9月各举行一次，成绩永久保留），或全国高等学校计算机等级考试一级（含一级）以上证书（成绩永久保留）。计算机专业的本科自考毕业生申请学位无此项要求。

十、学分银行毕业生学位申请程序

参照广西大学继续教育学院网上公布的《自学考试本科毕业生学位申请条件及申报程序》中“自学考试本

科毕业生学位申办程序及材料报送”部分。

十一、学分银行实施细则实行动态管理

（1）《学分银行兑换分值列表》中，序号 1~31 的为可以直接兑换学分的证书。序号 32~106 的证书，需要依据其知识点构成重新论证相应的兑换分值，并需提供该证书的认证渠道。

（2）由于在试点阶段，为适应需要，必须根据试点工作推进情况对本细则进行动态管理。如本细则在试行过程中，有需要增删用于学分兑换的证书等事项变更的，需向广西大学自考办进行申请，并提交论证报告，由广西大学自考办审核后上报自学考试委员会（学分银行委员会）进行审批。

十二、其他事项

（1）凡有伪造、涂改或提供假证明材料的，一经查出，所申请的相应学分作废，除需补足学分外，还必须推迟一年办理毕业证书。对于徇私舞弊的工作人员，按有关规定给予必要的处分。

（2）本细则自公布之日起试行。

附件 1：学分银行试点专业的核心课程与非核心课程设置.doc

附件 2：学分银行证书兑换分值列表.doc

广西大学自考办

2014 年 10 月 10 日

附件 1：

表 8.3　　学分银行试点专业的核心课程与非核心课程设置

1. 会计（A020039）：总学分 75 分，其中核心课程 40 学分，非核心课程 35 学分。									
	序号	代码	核心课程名称	学分		序号	代码	核心课程名称	学分
核心课程	1	0041	基础会计学	5		5	0157	管理会计（一）△	6
	2	0155	中级财务会计△	8		6	0065	国民经济统计概论△	6
	3	0156	成本会计	5		7	0146	中国税制	4
	4	0067	财务管理学△	6					
	序号	代码	非核心课程名称	学分		序号	代码	非核心课程名称	学分
非核心课程	1	0043	经济法概论（财经类）	4		6	3706	思想道德修养与法律基础	2
	2	0144	企业管理概论	5		7	3707	毛泽东思想、邓小平理论和“三个代表”重要思想概论	4
	3	0020	高等数学（一）△	6		8	0009	政治经济学（财经类）	6
	4	4729	大学语文	4		9	0019	计算机应用基础（实践）	2
	5	0018	计算机应用基础	2					

表8.3(续1)

2. 工商企业管理（A020042）：总学分 75 分，其中核心课程 40 学分，非核心课程 35 学分。									
	序号	代码	核心课程名称	学分		序号	代码	核心课程名称	学分
核心课程	1	0041	基础会计学	5		5	0147	人力资源管理（一）	6
	2	0144	企业管理概论	5		6	0065	国民经济统计概论△	6
	3	0145	生产与作业管理	6		7	0055	企业会计学△	6
	4	0148	国际企业管理	6					
	序号	代码	非核心课程名称	学分		序号	代码	非核心课程名称	学分
非核心课程	1	0043	经济法概论（财经类）△	4		6	3706	思想道德修养与法律基础	2
	2	0058	市场营销学△	5		7	3707	毛泽东思想、邓小平理论和“三个代表”重要思想概论	4
	3	0020	高等数学（一）△	6		8	0009	政治经济学（财经类）	6
	4	4729	大学语文	4		9	0019	计算机应用基础（实践）	2
	5	0018	计算机应用基础	2					

表8.3(续2)

3. 会计（B020011）：总学分77分，其中核心课程41学分，非核心课程36学分。									
	序号	代码	核心课程名称	学分		序号	代码	核心课程名称	学分
核心课程	1	0158	资产评估	4		5	0162	会计制度设计	5
	2	0159	高级财务会计△	6		6	0150	金融理论与实务	6
	3	0160	审计学	4		7	0149	国际贸易理论与实务	6
	4	0161	财务报表分析（一）	5		8	0058	市场营销学	5
	序号	代码	非核心课程名称	学分		序号	代码	非核心课程名称	学分
非核心课程	1	0015	英语（二）△	14		6	3709	马克思主义基本原理概论	4
	2	4183	概率论与数理统计（经管类）△	8		7	0052	管理系统中计算机应用（实践）	1
	3	4184	线性代数（经管类）	4					
	4	0051	管理系统中计算机应用△	3					
	5	3708	中国近代史纲要	2					

表8.3(续3)

4. 工商企业管理（B020012）：总学分 74 分，其中核心课程 42 学分，非核心课程 32 学分。									
	序号	代码	核心课程名称	学分		序号	代码	核心课程名称	学分
核心课程	1	0054	管理学原理	6		5	0153	质量管理（一）	4
	2	0149	国际贸易理论与实务	6		6	0150	金融理论与实务	6
	3	0151	企业经营战略	6		7	0154	企业管理咨询	4
	4	0152	组织行为学	4		8	0067	财务管理学△	6
	序号	代码	非核心课程名称	学分		序号	代码	非核心课程名称	学分
非核心课程	1	0015	英语（二）△	14		6	3708	中国近代史纲要	2
	2	4183	概率论与数理统计（经管类）△	8					
	3	4184	线性代数（经管类）	4					
	4	0051	管理系统中计算机应用△	3					
	5	0052	管理系统中计算机应用（实践）	1					

表8.3(续4)

5.（1）行政管理学（B030011）：政治类专业毕业生总学分62分，其中核心课程41学分，非核心课程21学分。									
	序号	代码	核心课程名称	学分		序号	代码	核心课程名称	学分
核心课程	1	00034	社会学概论	6		5	00318	公共政策△	4
	2	00315	当代中国政治制度	6		6	00319	行政组织理论△	4
	3	00316	西方政治制度	6		7	00320	领导科学	4
	4	00317	公务员制度	4		8	00923	行政法与行政诉讼法（一）△	7
	序号	代码	非核心课程名称	学分		序号	代码	非核心课程名称	学分
非核心课程	1	3708	中国近代史纲要	2					
	2	3709	马克思主义基本原理概论	4					
	3	0015	英语（二）△	14					
	4	0024	普通逻辑学	4					
	5	0067	财务管理学	6					

表8.3(续5)

5.（2）行政管理学（B030011）：非政治类专业毕业生总学分73分，其中核心课程41学分，非核心课程32学分。									
	序号	代码	核心课程名称	学分		序号	代码	核心课程名称	学分
核心课程	1	00034	社会学概论	6		5	00318	公共政策△	4
	2	00315	当代中国政治制度	6		6	00319	行政组织理论△	4
	3	00316	西方政治制度	6		7	00320	领导科学	4
	4	00317	公务员制度	4		8	00923	行政法与行政诉讼法（一）△	7
	序号	代码	非核心课程名称	学分		序号	代码	非核心课程名称	学分
非核心课程	1	3708	中国近代史纲要	2					
	2	3709	马克思主义基本原理概论	4					
	3	0015	英语（二）△	14					
	4	0277	行政管理学	6					
	5	0312	政治学概论	6					

附件 2：

表 8.4　　学分银行证书兑换分值列表

序号	证书名称	发证单位	证书类型	认证学分	自考专业名称	备注
1	大学外语（日语）等级考试 4 级	教育部	社会考试	10		
2	大学外语（日语）等级考试 6 级	教育部	社会考试	12		
3	大学外语（日语）等级考试 8 级	教育部	社会考试	14		
4	全国大学英语等级考试三级（CET）	教育部	社会考试	7		
5	全国大学英语等级考试四级（CET）	教育部	社会考试	14		
6	全国大学英语等级考试六级（CET）	教育部	社会考试	14		

表8.4(续1)

序号	证书名称	发证单位	证书类型	认证学分	自考专业名称	备注
7	全国大学英语等级考试八级(CET)	教育部	社会考试	14		
8	全国计算机等级考试1级	教育部	社会考试	5		考委文件规定可顶替计算机应用基础——5学分
9	全国计算机等级考试2级	教育部	社会考试	7		
10	全国计算机等级考试3级	教育部	社会考试	9		
11	全国计算机等级考试4级	教育部	社会考试	9		
12	全国英语等级考试1级(PETS1)	教育部	社会考试	3		
13	全国英语等级考试2级(PETS2)	教育部	社会考试	7		考委文件规定可顶替英语(一)——7学分
14	全国英语等级考试3级(PETS3)	教育部	社会考试	14		考委文件规定可顶替英语(二)——14学分

表8.4(续2)

序号	证书名称	发证单位	证书类型	认证学分	自考专业名称	备注
15	全国英语等级考试4级(PETS4)	教育部	社会考试	14		
16	全国英语等级考试5级(PETS5)	教育部	社会考试	14		
17	人力资源管理经理人证一级(即中级)	教育部考试中心 工信部中小企业促进中心	社会考试	30		以每门课程5个学分兑换，6门课程，共30分。企业经营模拟（一），企业管理制度精要（一），企业伦理与社会责任（一）；组织设计与招聘培训（一）；薪酬管理与绩效考核（一）；企业家精神与领导艺术（一）
18	财务管理经理人证一级（即中级）	教育部考试中心 工信部中小企业促进中心	社会考试	30		以每门课程5个学分兑换，6门课程，共30分。企业经营模拟（一），企业管理制度精要（一），企业伦理与社会责任（一）；企业会计实务（一）；企业财务报表分析（一）；中小企业投融资（一）

表8.4(续3)

序号	证书名称	发证单位	证书类型	认证学分	自考专业名称	备注
19	市场营销管理经理人证一级(即中级)	教育部考试中心工信部中小企业促进中心	社会考试	30		以每门课程5个学分兑换,6门课程,共30分。企业经营模拟(一),企业管理制度精要(一),企业伦理与社会责任(一);销售管理(一);网络营销与渠道管理(一);品牌管理(一)
20	战略管理经理人证一级(即中级)	教育部考试中心工信部中小企业促进中心	社会考试	30		以每门课程5个学分兑换,6门课程,共30分。企业经营模拟(一),企业管理制度精要(一),企业伦理与社会责任(一);企业经营风险管理概论(一);企业战略跨越(一);企业环境经营与能源管理(一)
21	行政管理经理人证一级(即中级)	教育部考试中心工信部中小企业促进中心	社会考试	30		以每门课程5个学分兑换,6门课程,共30分。企业经营模拟(一),企业管理制度精要(一),企业伦理与社会责任(一);商务谈判与合同管理(一);企业经营法规解读(一);企业文化塑造(一)

表8.4(续4)

序号	证书名称	发证单位	证书类型	认证学分	自考专业名称	备注
22	人力资源管理经理人证一级（即高级）	教育部考试中心 工信部中小企业促进中心	社会考试	30		以每门课程5个学分兑换，6门课程，共30分。企业经营模拟（二），企业管理制度精要（二），企业伦理与社会责任（二）；组织设计与招聘培训（二）；薪酬管理与绩效考核（二）；企业家精神与领导艺术（二）
23	财务管理经理人证一级（即高级）	教育部考试中心 工信部中小企业促进中心	社会考试	30		以每门课程5个学分兑换，6门课程，共30分。企业经营模拟（二），企业管理制度精要（二），企业伦理与社会责任（二）；企业会计实务（二）；企业财务报表分析（二）；中小企业投融资（二）
24	市场营销管理经理人证一级（即高级）	教育部考试中心 工信部中小企业促进中心	社会考试	30		以每门课程5个学分兑换，6门课程，共30分。企业经营模拟（二），企业管理制度精要（二），企业伦理与社会责任（二）；销售管理（二）；网络营销与渠道管理（二）；品牌管理（二）

表8.4(续5)

序号	证书名称	发证单位	证书类型	认证学分	自考专业名称	备注
25	战略管理经理人证一级（即高级）	教育部考试中心工信部中小企业促进中心	社会考试	30		以每门课程5个学分兑换，6门课程，共30分。企业经营模拟（二），企业管理制度精要（二），企业伦理与社会责任（二）；企业经营风险管理概论（二）；企业战略跨越（二）；企业环境经营与能源管理（二）
26	行政管理经理人证一级（即高级）	教育部考试中心工信部中小企业促进中心	社会考试	30		以每门课程5个学分兑换，6门课程，共30分。企业经营模拟（二），企业管理制度精要（二），企业伦理与社会责任（二）；商务谈判与合同管理（二）；企业经营法规解读（二）；企业文化塑造（二）
27	物流管理证书（初级）		社会考试	33		
28	物流管理证书（中级）		社会考试	30		
29	物流管理证书（高级）		社会考试	39		
30	采购与供应管理中级证		社会考试	27		

表8.4(续6)

序号	证书名称	发证单位	证书类型	认证学分	自考专业名称	备注
31	采购与供应管理高级证		社会考试	44		
32	会计专业技术资格初级证书	财政部	社会考试	8		
33	会计专业技术资格中级证书	财政部	社会考试	11		
34	会计专业技术资格高级证书	财政部	社会考试	14		
35	全国注册会计师	财政部	社会考试	30		
36	一级建造师	建设部	社会考试	25		
37	全区计算机等级考试 1 级	教育厅	社会考试	5		
38	全区计算机等级考试 2 级	教育厅	社会考试	7		
39	全区计算机等级考试 3 级	教育厅	社会考试	9		
40	全区计算机等级考试 4 级	教育厅	社会考试	9		
41	思科网络工程师认证 CCNA	美国思科公司	社会考试	24		

表8.4(续7)

序号	证书名称	发证单位	证书类型	认证学分	自考专业名称	备注
42	思科网络工程师认证 CCNP	美国思科公司	社会考试	30		
43	二级建筑师	全国注册建筑师管理委员会	社会考试	18		
44	一级建筑师	全国注册建筑师管理委员会	社会考试	24		
45	工商管理经济师	人力资源和社会保障部	社会考试	14		
46	企业人力资源管理师 1	人力资源和社会保障部	社会考试	15		
47	企业人力资源管理师 2	人力资源和社会保障部	社会考试	12		
48	企业人力资源管理师 3	人力资源和社会保障部	社会考试	9		
49	企业人力资源管理师 4	人力资源和社会保障部	社会考试	6		

表8.4(续8)

序号	证书名称	发证单位	证书类型	认证学分	自考专业名称	备注
50	统计师资格证	人力资源和社会保障部	社会考试	15		
51	营销师 1	人力资源和社会保障部	社会考试	15		
52	营销师 2	人力资源和社会保障部	社会考试	12		
53	营销师 3	人力资源和社会保障部	社会考试	9		
54	营销师 4	人力资源和社会保障部	社会考试	6		
55	计算机技术与软件专业技术资格（水平）考试（初级资格）：程序员	人力资源与社会保障部、工业与信息化部	社会考试	9		
56	计算机技术与软件专业技术资格（水平）考试（初级资格）：网络管理员	人力资源与社会保障部、工业与信息化部	社会考试	9		

表8.4(续9)

序号	证书名称	发证单位	证书类型	认证学分	自考专业名称	备注
57	计算机技术与软件专业技术资格（水平）考试（高级资格）：网络规划设计师	人力资源与社会保障部、工业与信息化部	社会考试	22		
58	计算机技术与软件专业技术资格（水平）考试（中级资格）：软件设计师	人力资源与社会保障部、工业与信息化部	社会考试	15		
59	计算机技术与软件专业技术资格（水平）考试（中级资格）：网络工程师	人力资源与社会保障部、工业与信息化部	社会考试	15		
60	书法 10 级	中国书法家协会	社会考试	10		
61	书法 3 级	中国书法家协会	社会考试	3		
62	书法 4 级	中国书法家协会	社会考试	4		
63	书法 5 级	中国书法家协会	社会考试	5		
64	书法 6 级	中国书法家协会	社会考试	6		

表8.4(续10)

序号	证书名称	发证单位	证书类型	认证学分	自考专业名称	备注
65	书法 7 级	中国书法家协会	社会考试	7		
66	书法 8 级	中国书法家协会	社会考试	8		
67	书法 9 级	中国书法家协会	社会考试	9		
68	音乐 10 级	中国音乐家协会	社会考试	10		
69	音乐 3 级	中国音乐家协会	社会考试	3		
70	音乐 4 级	中国音乐家协会	社会考试	4		
71	音乐 5 级	中国音乐家协会	社会考试	5		
72	音乐 6 级	中国音乐家协会	社会考试	6		
73	音乐 7 级	中国音乐家协会	社会考试	7		
74	音乐 8 级	中国音乐家协会	社会考试	8		
75	音乐 9 级	中国音乐家协会	社会考试	9		

表8.4(续11)

序号	证书名称	发证单位	证书类型	认证学分	自考专业名称	备注
76	会计从业资格证书	广西区财政厅	社会考试	6		
77	会计电算化证书	广西区财政厅	社会考试	6		
78	中级会计师	广西区财政厅	社会考试	10		
79	珠算证书	广西区财政厅	社会考试	5		
80	助理会计师	广西区财政厅	社会考试	8		
81	安全员	广西区城乡建设与住房建设厅	社会考试	6		
82	材料员	广西区城乡建设与住房建设厅	社会考试	6		
83	测量员	广西区城乡建设与住房建设厅	社会考试	6		
84	二级建造师	广西区城乡建设与住房建设厅	社会考试	10		

表8.4(续12)

序号	证书名称	发证单位	证书类型	认证学分	自考专业名称	备注
85	机械员	广西区城乡建设与住房建设厅	社会考试	6		
86	监理员	广西区城乡建设与住房建设厅	社会考试	6		
87	施工员	广西区城乡建设与住房建设厅	社会考试	6		
88	预算员	广西区城乡建设与住房建设厅	社会考试	6		
89	造价员	广西区城乡建设与住房建设厅	社会考试	10		
90	质量员	广西区城乡建设与住房建设厅	社会考试	6		
91	资料员	广西区城乡建设与住房建设厅	社会考试	6		

表8.4(续13)

序号	证书名称	发证单位	证书类型	认证学分	自考专业名称	备注
92	广告设计师 1	广西区职业技能鉴定中心	社会考试	15		
93	广告设计师 2	广西区职业技能鉴定中心	社会考试	12		
94	广告设计师 3	广西区职业技能鉴定中心	社会考试	9		
95	广告设计师 4	广西区职业技能鉴定中心	社会考试	6		
96	花卉园艺师 1	广西区职业技能鉴定中心	社会考试	15		
97	花卉园艺师 2	广西区职业技能鉴定中心	社会考试	12		
98	花卉园艺师 3	广西区职业技能鉴定中心	社会考试	9		

表8.4(续14)

序号	证书名称	发证单位	证书类型	认证学分	自考专业名称	备注
99	花卉园艺师 4	广西区职业技能鉴定中心	社会考试	6		
100	景观设计师 1	广西区职业技能鉴定中心	社会考试	15		
101	景观设计师 2	广西区职业技能鉴定中心	社会考试	12		
102	景观设计师 3	广西区职业技能鉴定中心	社会考试	9		
103	景观设计师 4	广西区职业技能鉴定中心	社会考试	6		
104	室内装饰设计员 1	广西区职业技能鉴定中心	社会考试	15		
105	室内装饰设计员 2	广西区职业技能鉴定中心	社会考试	12		

表8.4(续15)

序号	证书名称	发证单位	证书类型	认证学分	自考专业名称	备注
106	室内装饰设计员 3	广西区职业技能鉴定中心	社会考试	9		

注：在证书兑换的分值上，坚持高不就低和专业就近性原则。若属于同一系列的证书在同一专业和同一学历层次上进行兑换，同时取得多个证书级别时，取最高级别的证书进行相应分数兑换。若获得一证书并兑换后，再获得另一证书，则只兑换其增量分值。如已获得中级并兑换后再获得高级，在兑换分数时只兑换增量分值，即高级比中级多出的分值。

广西壮族自治区高等教育自学考试委员会办公室

2013 年 8 月 16 日印发

案例5

陕西高等继续教育学分银行建设与运行管理办法
（草案）

第一章　总　则

第一条　为了贯彻《国家中长期教育改革和发展规划纲要（2012—2020年）》和《陕西省关于贯彻〈国家中长期教育改革和发展规划纲要（2010—2020年）〉的实施意见》，加快推进陕西高等继续教育学分银行（以下简称“学分银行”）建设，规范继续教育的办学行为，实现优质资源的共建共享，提升教学质量，促进高等继续教育的健康稳步发展；加强各高等继续教育机构之间的合作，促进学历教育之间、学历教育与各类非学历教育之间的沟通，构建纵向衔接、横向沟通的民众终身学习的“立交桥”，推进陕西终身教育体系与学习型社会建设，制定本办法。

第二章　学分银行

第二条　“学分银行”是以终身教育理念为指导，以各类继续教育机构之间学分认定、积累和转换的新型学习制度与教育管理制度为保障，由政府主导，面向全民的学历教育和非学历教育学习成果的管理与服务机构。

第三条　“学分银行”的基本功能是：进行各类继续教育机构之间的学习成果存储、认定、积累和转换，并提供学习咨询、学分查询和学分信用保证等公共服务。

第四条　“学分银行”对社会成员通过正规学习、非正规学习、非正式学习所取得的学习成果提供管理与服务。学习成果包括三种类型：一是指学历教育学习成果，包括专科、本科、研究生等各学历教育层次学分；二是指职业培训学习成果；三是指通过其他学习途径获得的学习成果。

第五条　“学分银行”的学习成果存储，是指将学习者通过各种方式取得的原始学习成果，经“学分银行”审核后存储在“学分银行”为其开设的个人“终身学习账户”中的过程。

第六条　“学分银行”的学分认定，是指根据学习者申请，将其已存储在“学分银行”的原始学习成果认定为“学分银行”学历教育学分即银行学分的过程。

第七条　“学分银行”的学分积累，是指学习者将“学分银行”认定的银行学分在个人账户中进行连续累积的过程。

第八条　“学分银行”的学分转换，是指根据学习者申请，将其相应课程的银行学分转换为目标机构学分的过程。

第三章　“学分银行”建设

第九条　“学分银行”的建设目标：

（1）建设面向陕西民众、功能完整、合作紧密、运行规范、沟通顺畅的高等继续教育“学分银行”；

（2）建立适应高等继续教育发展的学习成果管理与服务中心；

（3）促进各高等继续教育机构之间的合作，促进学历教育之间、学历教育与各类非学历教育之间的沟通，构建纵向衔接、横向沟通的民众继续教育乃至终身学习的“立交桥”和学习成果转换枢纽，推进陕西终身教育体系与学习型社会建设。

第十条　“学分银行”坚持政府主导、多方参与、互信互利、资源共享、友好合作的方针，与各普通高校的继续教育、成人教育、网络教育学院、广播电视大学和各独立建制的成人高等院校以及职业培训证书发证机构等各类教育机构建立合作联盟，融合相关各类教育机构的资源，共同参加学分银行的建设与运行。

第十一条　“学分银行”按照整体设计、先易后难、分步实施、边研究、边试点、边完善的原则进行建设。

第十二条　省教育厅研究制定“学分银行”有关制度，出台管理办法与实施细则。各级教育行政部门应当通过制定相应规章制度，加强对“学分银行”工作的领导，促进“学分银行”的发展。

第十三条　建立健全由政府、用人单位和学习者共同分担成本、多渠道筹措经费的“学分银行”投入保障制度与机制。各级教育行政部门应将“学分银行”建设和运行的经费纳入本地的继续教育发展基金。

第四章　组织架构

第十四条　在省政府的领导和教育厅的指导下，设立“学分银行”管理委员会，作为“学分银行”的最高领导机构。其主要职能是对“学分银行”建设与运行进行宏观指导和管理、监督，制定和出台有关政策，审定和发布学分认定与转换标准，研究解决重大问题，协调各方关系。

第十五条　管理委员会下设“学分银行”学术委员会，作为“学分银行”的学术指导机构，其主要职能是：为“学分银行”提供指导与咨询。学术委员会下设学科、专业工作组，负责学分认定与转换标准的制定和具体实施等工作。

第十六条　管理委员会下设“学分银行”管理中心，作为“学分银行”的工作机构，全面负责“学分银行”的建设与运行，其主要职能包括组织学分标准规则设计、学分认证审核、学分档案管理、学分转换管理、信息化平台建设与维护和对外宣传、咨询、协调与联络工作，以及相关信息发布与办理加盟申请事宜等事务性工作。

第十七条　建设覆盖全省的学分银行纵横延伸系统，在全省各地设立“学分银行”的分部和工作站。可在首批参加学分银行的试点院校中建立“学分银行”分部，形成“学分银行”的组织管理系统雏形。

第五章　加盟管理

第十八条　加盟单位要进入“学分银行”体系，需向“学分银行”管理中心提交加盟申请，经审核通过，签订加盟协议书。

第十九条　加盟单位在省教育厅主导下，按照互信、互惠、互利和友好合作的原则开展工作。

第二十条　加盟单位的权利：通过“学分银行”进

行学习成果的转换；将本单位各类教育的学习成果导入“学分银行”平台系统；派出专家参与“学分银行”的有关工作；对“学分银行”的建设和运行提出意见和建议。

第二十一条　加盟单位的义务：接受管理中心的业务指导和管理；建立“学分银行”分部，配置工作人员，建立工作制度，履行分部的职责；办理与本单位有关的学分转换事宜；根据要求，向“学分银行”管理中心提供有关资料；参加上级“学分银行”组织安排的有关会议和培训；向“学分银行”管理中心缴纳管理费。

第六章　运行管理

第二十二条　“学分银行”是由陕西省政府及行政主管部门授权的全省唯一的高等继续教育学习成果的评价、认证与管理机构，是按照省教育厅制定的相关制度与管理办法进行运作、开展工作的。

第二十三条　“学分银行”按照“权责明确、服务为主、科学管理、持续发展”的思路实行政府主导下的企业化运作。

第二十四条　通过“学分银行”的监管制度与运行机制的建设，加大对我省高等继续教育机构办学和服务质量的监管力度。规范各类继续教育机构的招生、考试、发证、收费和其他办学行为，加大对违规违纪办学行为的惩处力度，完善继续教育机构准入和退出机制。

第二十五条　形成政府及教育主管部门对“学分银行”的巡视监督网络，建立巡视工作机制和制度，进一步推进对“学分银行”各级分支机构的统一管理。

第二十六条　“学分银行”接受省教育厅的指导、检查与评估，并接受社会监督。

第二十七条　“学分银行”的运行由“学分银行”管理中心统一负责。“学分银行”管理中心应建立工作检查制度，并负责组织开展系统的常规检查和专项检查。

第二十八条　积极发挥区域协会、行业协会、专业学会和相关中介机构对“学分银行”运行的质量评价和监测作用。

第二十九条　“学分银行”各级机构应建立规章制度，规范操作程序，严肃工作纪律。要不断丰富服务内容，创新服务方式，改进服务态度，提升服务水平，提高服务效率

第三十条　“学分银行”的建设、运行和管理要遵守国家、陕西省有关法律和政策规定。

第七章　附则

第三十一条　本办法自颁布之日起施行。

第三十二条　本办法由“学分银行”管理中心负责解释。

以上五例是国内“学分银行”教育制度探索与实践的部分资料，由此可见我国目前对“学分银行”探索与实践的大致情况。

第五节 “学分银行”探索与实践的合理性、先进性判析

国际与国内对学分银行教育管理制度的探索与实践，从历史唯物主义与辩证唯物主义的观点来看都存在历史的局限性、认识与客观规律的差异性的“得”与“失”。在此，笔者将依据前述教育发展内在的客观规律的认知水平，依据“学分银行”合理性与先进性三方面标志，对国内外“学分银行”探索与实践案例进行简单判析。由于资料来源、了解程度及个人水平有限，也必然存在历史的局限、认识与客观规律的差异，下面的看法与观点，仅为抛砖而已。

一、发达国家“学分银行”探索与实践的合理性与先进性判析

(一) 对韩国“学分银行制”（Academic Credit Bank System，简称 ACBS）探索与实践的判析

(1) 从韩国国家层面对“学分银行”建设与推动来看，韩国政府颁布《终身教育法》；成立“韩国教育开发研究院”；明确“学分银行”是国家认可的学位授予机构、“学分银行”作为终身教育的推动机制。这些措施体现了上层建筑对经济基础及生产力发展要求的主动顺应与对人力资本投资、对建设学习型社会的信心与决心，

是合理与先进的经验。

（2）从“学分银行”对学习者个性化学习要求满足程度来看，通过授权教育机构和学分互认，建立连接正规（学校）教育和非正规（学校）教育的网络体系；“学分银行”向所有愿意且有能力的学习者开放；学习者完全自己安排学习；学位取得对申请者不限制，对全社会的开放与服务程度相对较高，是合理与先进的。

（3）韩国教育科技部和终身教育国家研究院在专家的指导下联合开发标准课程。标准课程是每个学科领域的综合学习计划，它具体描述了教学目标、课程科目、文科课程、专业课程、选修课程、学分要求、学士学位要求以及评估和质量控制等。标准课程是学术学分银行的纲领性文件，它规定了学习者的学习内容和层次，以及一门课程结束后的预期学习目标；对多种学习途径的认证主要是通过标准课程来实现等措施具有一定的垄断性质，市场化、社会化程度不够。因为标准课程、学习计划、课程科目、评估和质量控制等都带有统一化、标准化因素要求，与“学分银行”教育管理制度产生的宗旨相违背，不利于学科发展与教育质量的提高。其本质原因是对学分的本质与学分标准的无限性认识不够，因此，市场化、社会化程度不够，显得不够合理与先进。

（二）对欧洲“学分转换与累计系统”（European Credit Transfer System，简称 ECTS）探索与实践的判析

（1）从欧洲“学分转换与累计系统”构建的国际化与实施对象来看，“学分银行”教育管理制度处于国际化

范围的高层次。“伊拉斯莫”计划通过大学生流动来促进交流和提高教育质量，体现出相应各国上层建筑对经济基础及生产力发展要求的主动顺应与对人力资本投资，对学习型社会建设的信心与决心，是合理与先进的经验。

（2）“学分转换与累计系统”尊重欧洲各国学分教育的多样化的同时倡导交流与统一；学生、派出学校、接收学校三方签署协议；以学生为中心的灵活的学分分配制度；用时间表示学生课业负荷量；学习效果通过提交作业、论文、网上测试等多种方式评估；在“学分转换与累计系统”下，当学生累积够了学位资格要求的学分数量后就可以申领学位证书；学生可以选择接收学校或派出学校的学位等，从满足学习者个性化学习要求的程度，以及学分取得的市场化、社会化程度都体现出较高层次水平，具有其合理与先进性。

（3）从其描述来看，学习者个性化学习要求的实现是否方便，以及相关国家成立的48个工作室所搭建的社会平台服务效率与效果不得而知。

（三）对美国“学分衔接与转移政策”（Credit Link and Transfer Policy）探索与实践的判析

（1）国家层面的《成人教育法》《蒙代尔法》《1998—2002年教育发展的战略计划》《学分衔接与转移政策》，通过立法强调了继续教育、终身教育的重要性，实质上是充分尊重学习者的个性化学习要求、教育公平性的合法地位，体现出美国上层建筑对经济基础及生产力发展要求的主动顺应与对人力资本投资、对建设学习型社会的信心与决心，是合理与先进的。

（2）国家只在法律层面做一般要求，将具体的内容交由院校根据自己的需要去做，带有典型的市场经济的特点，这也是“小政府、大社会”理念的做法。学分衔接与转移通过协议方式带有明显的市场化、社会化特点，学分转移取决于接收院校的选择，院校通过课程大纲或者与转（派）出院校联系，将课程进行对比确定，在充分满足学习者个性化学习需求方面较为客观、准确，符合学分获得的市场化、社会化要求，具有其合理与先进性。

（3）对学习者的个性化学习要求的服务是否有社会化平台、社会化服务程度是否充分不得而知。

（四）对英国“资格与学分框架”（Qualifications and Credit Framework，简称QCF）探索与实践的判析

（1）英国推出《罗宾斯报告》，指出“高等教育的课程应该向所有有能力的人开放”，并“给予学生从一所学校转到另一所学校学习的机会”。出台学分积累与转换系统，发表《学分和高等教育资格：英格兰、威尔士和北爱尔兰的学分指南》，体现出英国上层建筑对经济基础及生产力发展要求的主动顺应与对人力资本投资、对建设学习型社会的信心与决心，是合理与先进的。

（2）构建“资格与学分框架”思路，指导教育机构运作学分积累与转换，没有统一的课程标准和教学大纲，由各类被认可的组织根据规范要求制定自己的标准与制度。以单元为最小的学习模块，方便学习者学习、组合，学分可以重复折算而无须重修，还将行业培训和非正规

学习都纳入体系，为全英国学习者、学习提供者和雇主提供了一个包容、弹性、规范的资格框架。该框架中的评估单元与资格可以在最大可能的范围内认可具有质量保证的任何领域、任何级别的学习成果。各类具有资格规范机构认可的颁证组织，可根据规范向学习者授予学分并颁证。QCF 建有功能强大的信息服务平台，开放式的学习模块化、单元化，方便学分累计等措施，对学习者的个性化学习要求的满足与服务程度达到相当高的水平，具有其合理与先进性。

（3）没有统一的课程标准和教学大纲，由各类被认可的组织根据规范要求制定自己的标准与制度。以单元为最小的学习模块，方便学习者学习、组合，学分可以重复折算而无须重修，框架中的评估单元与资格可以在最大可能的范围内认可具有质量保证的任何领域、任何级别的学习成果。各类具有资格规范机构认可的颁证组织，可根据规范向学习者授予学分并颁证。QCF 建有功能强大的信息服务平台，开放式的学习模块化，单元化，方便学分累计等措施体现出学分获得的市场化、社会化程度都具有较高层次水平，具有其合理与先进性。

二、国内“学分银行”探索与实践的合理性与先进性判析

（一）对上海市终身教育“学分银行”体系探索与实践的判析

上海是我国教育发展水平最高的地区之一，从上海

市教育委员会主动积极探索区域性“学分银行”，主办和管理“学分银行”形成“一校、一行、一院”，体现出政府、教育主管部门等上层建筑对经济基础及生产力发展要求的主动顺应与对人力资本投资、对建设学习型社会的信心与决心，是合理与先进的。

从课程的学分互认到工作经历经验、成绩奖励、专业技术职务、研究发明成果等范畴的开放满足个性化学习程度来看，已经从认证的标准化过程向个性化发展，对学习者个性化学习要求的满足与服务程度具有较高水平，具有其合理性及先进性。

从学习成果存入学分银行（包括学历教育、职业培训、社区教育、老年教育等），经过“学分银行”的认证，就可以转化为合作高校相应课程的学分。当学分累积到一定程度时，学习者可按规定将其转换为相应的证书和文凭看，已经具备一定的市场化、社会化因素，具有其合理性与先进性。

（二）对北京国家开放大学“学分银行”体系探索与实践的判析

国家开放大学获教育部批准开展“国家继续教育学习成果认证、积累与转换制度的研究与实践”项目，探索建立国家“学分银行”制度，直接体现了国家上层建筑对经济基础及生产力发展要求的主动顺应与对人力资本投资、对建设学习型社会的信心与决心，是合理与先进的。

从对各种学习成果特别是非学历教育证书和其他无

一定形式学习成果（如工作经历、技术创新、奖励、发布论文等）按照一定规则进行认定，并转换成一定的学分来看，已经从认证的标准化过程向个性化发展，从对学习者个性化学习服务的范围及学习资源的提供方面来看，具有其合理性与先进性。

从“学分银行”是学习者获取学历文凭、职业资格证书的新渠道、自学成才的新途径，按照一定规则，“学分银行”根据一定的标准，对组织内部教育培训项目进行权威认证，符合标准的可纳入“学分银行”认证培训项目。社会成员就读该培训项目后，可获得“学分银行”学分，使该教育培训项目更具权威性、公信力和效用等描述来看，不太合理与科学。其学分获取的方式以自身认定为主，市场化、社会化程度较低。

（三）对广西大学及广西师范大学高等教育自学考试“学分银行”试点工作探索与实践的判析

因为广西大学与广西师范大学对高等教育自学考试“学分银行”试点工作探索与实践涉及的范围、类型、方法、措施等基本一致，只是自学考试范围的专业不同而已，所以笔者将其看成同类型一并讨论。

事实上，高等教育自学考试制度的建立本身就是为满足改革开放的社会经济发展需要，满足学习者突破传统学校教育在时间、空间限制的个性化学习要求而产生的。从理论方面看，该制度建立在20世纪80年代初期。我国特有的高等教育自学考试制度是最接近“学分银行”教育管理制度宗旨本身、符合终身教育理念、学习型社会建设要求的一种教育管理制度。就这一制度本身具有的性质而言，该制度已经是“学分银行”教育管理制度的标准化认证的初级阶段，它应该也最有理由进一步发展成为我国的“学分银行”教育管理制度。遗憾的是，该制度缺乏对其本质的理论研究与总结，缺乏探索其发展规律的理论指导，而仅仅停留在了对学历、文凭、教育资源不足的补偿性教育阶段，阻碍了其进一步发展为终身教育理念下的以满足学习者个性化学习需求为宗旨的“学分银行”教育管理制度。虽然高等教育自学考试自身也在应用型自学考试（社会上俗称为“小自考”）、高职院校的衔接式自学考试方面进行过探索与实践，但也仅仅停留在实践阶段，缺乏系统的理论总结与提升并在此基础上对实践进行指导。究其原因，一是考办、考试院是行政职能部门，无专职研究的条件、职能要求，导致理论认识不到位，对其制度发展方向指引不明确。二是随着社会对高等教育自学考试制度的认可，制度建设逐步从探索、规范到高度的集权、垄断，逐步走向标准化、统一化（专业开考计划、教材、考试内容、时间等）的传统学校教育模式的思维方式，而逐步背离了满足学习者个性化学习要求的宗旨，不利于现实社会对研究型、创新型、个性化人才的培养要求的实现。三是市场化、社会化程度差。由于标准化、统一化要求，失去了教育提供方的个体差异性及大部分教育职能，使得其关注、参与的积极性不高，逐渐失去了其初期的生命活力，而高度的集权、垄断化使得学分获取的市场化、社会化程度不断降低，逐步失去其合理性与先进性。这已是题外之言。下面是对以上两校自考“学分银行”的探索与实践的判析。

（1）从《广西壮族自治区高等教育自学考试委员会办公室关于高等教育自学考试“学分银行”试点工作的通知》，可看出职能部门对“学分银行”建设的重视，而从实施细则可看出二校的重视与积极参与，直接体现了上层建筑对经济基础及生产力发展要求的主动顺应与对人力资本投资、对建设学习型社会的信心与决心，是合理与先进的 。

（2）从职业资格证书、从业资格证书、执业资格证书等学习成果，兑换课程学分对学习者个性化学习要求的满足与服务看，是对自考学分获取高度垄断、单一模式的突破，使其自考学分的获取向市场化、社会化发展的探索。

（3）从学分兑换的限制以及操作系数化的做法看，仍是标准化、统一化的思维模式，显得较初级。学分获取的市场化、社会化程度相对较低，不太合理与先进。

（四）对《陕西高等继续教育学分银行建设与运行管理办法（草案）》的判析

（1）从《陕西高等继续教育学分银行建设与运行管理办法（草案）》颁布的内容来看，应该是笔者目前所见国内区域性学分银行教育管理制度中最为全面、细致的，最能体现上层建筑对经济基础及生产力发展要求的主动顺应，对人力资本投资、对建设学习型社会的信心与决心的相关制度建设，是合理与先进的。

（2）从草案内容体现对学习者个性化学习尽可能服务与满足的思想来看，是具有其合理性与先进性的。

（3）从草案内容体现出的对学分获取的市场化与社会化要求思想来看，也是具有其合理性与先进性的。

第九章 中国特色学分银行教育管理制度建设

中国特色学分银行教育管理制度的建设是中国当代经济社会生产力、生产关系发展的历史客观要求，是社会经济增长的客观要求，是社会人力资本投资管理的客观要求，是建设人力资源强国的客观要求，是中华民族伟大复兴的客观要求，是实现“中国梦”的客观要求。

第一节 建设目标及任务

什么是中国特色学分银行教育管理制度？这应该是相对于教育发达国家的学分银行教育管理制度建设来看的。从前面的分析可知，“学分银行”是社会及教育发展客观规律的必然产物，我们应该也必须清楚地认识、了解这些规律。不管多么先进的事物，在引进、学习的过程中，我们必须认真探索与实践，认清其本质，在此基础之上我们才能明白这些教育发达国家在“学分银行”

建设方面，哪些做法是科学合理的，是先进的；哪些做法是不科学、不合理而非先进的。知道其优劣，我们的学习就可以取其精华、去其糟粕，而不只是将国外教育发达国家的东西拿来“照葫芦画瓢”，只学其形，而不得其神，这是学习与借鉴。如果仅仅是学习与借鉴，就只能局限在追赶的过程中，而我们追赶的目的是赶上与超越。要通过追赶的过程实现赶上与超越的目的，必须做好两方面工作：一是完全尊重科学规律、唯先进性是用、集先进性所长，完成赶上的任务。科学规律对任何人和社会都是客观、公平存在的，只要全社会主动地、自觉地、完全地顺应科学规律，任何国家都可能完成赶上的任务。二是结合中国社会发展实际，充分发挥自身优势，实现超越的梦想。中国社会发展实际是中国社会发展到今天所特有的，具有其他国家不可能完全具有的特点。我国互联网不断地与各传统行业的跨界深度融合，互联、互通、共享，体现着“互联网+”时代的历史特征。“天宫”空间实验室九天揽月，“蛟龙”号五洋深海捉鳖，科学应用与技术创新呈井喷式爆发，体现出尊重规律的科学精神。世界制造业大国体现生产力发展水平与地位，人力资源大国体现出我国人力资本投资的规模与地位。这些都是中国社会发展到今天所特有的，是其他国家不可能完全具有的特点，是个性化特征。如人力资源大国、制造业大国地位特征是他国难以具有的，是中国社会发展实际。我们发挥好这方面优势，实现制造业强国、人力资源强国是具有基础和可能的。我们做到了，而别国是难以超越的，这就是“中国梦”内涵体现的一部分。因此，在中国特色学分银行教育管理制度建设过程中，要有跨越式建设发展的信心和决心。信心建立在对客观规律的充分认识与尊重基础之上，决心建立在结合中国社会发展实际、充分发挥自身优势基础之上。由此可以看出，我们的目标是：建设最大限度满足中国社会发展实际要求的、能够充分发挥自身优势的、最先进的学分银行教育管理制度。其任务是实现现代教育管理制度的跨越式发展。

第二节　“学分银行”建设构架

学分银行教育管理制度主要由哪些内容组成？笔者认为至少应该包含三个方面内容：一是管理机构。与其相关的管理机构怎样设置，权责职能如何划分，就像房屋的结构一样，这是“学分银行”建设的框架。二是制度建设的内容。包括政策性制度内容和管理流程性制度内容两个层面的制度。政策性制度内容包括法律、法规、条例、规定等制度内容，这是体现上层建筑顺应客观规律信心与决心的内容。流程性制度内容主要是工作内容和管理需要要求的相关内容。三是将前面两部分有机结合起来以有效发挥其作用的管理技术，称为管理运行机制。

一、“互联网+”时代下的教育生态环境

信息、网络技术的发展给我国经济、社会带来了巨大的影响，其广泛的应用和与各传统行业的深度融合，标志着“互联网+”时代的到来，新时代下的教育生态环境已经不同于以往，这为中国特色“学分银行”制度的建设奠定了基础。

（一）思想、观念环境

《国家中长期教育改革和发展规划纲要（2010—2020年）》明确提出要借鉴国际经验，建设有中国特色的“学分银行”制度，满足个人在终身发展中对学习多样化的需求。上海、陕西等省市政府和教育行政部门已经开始对“学分银行”制度进行探索。部分高校也在教学实践中不断探索“学分银行”制度。这些实践与探索充分显示出全社会对学分银行的理解与认可，这为建设有中国特色的“学分银行”制度奠定了思想与观念基础。

（二）物质技术环境

新中国成立以来，特别是改革开放以来，随着国家对教育的持续投入，我国教育事业得到了很大发展，目前在教育的各个领域基本完善了学籍或考籍管理。此外，随着计算机、网络、信息技术的应用与发展，各种网络学习与管理平台与教育深度融合，在线教育、网络教育等平台为优质教育资源的共享、学习行为及结果的记录和存储、学籍和考籍的交流、沟通与共享提供了技术保障和条件。因此，教育自身的发展为学分银行的建设奠

定了物质和技术基础。

二、中国特色“学分银行”建设构架

基于对前述客观环境与基础的认识，结合中国社会客观实际，我们提出，中国特色“学分银行”的构建应分为三个层级，第一层级为学分银行支行，一般由各高校或办学机构在整合其教学资源的基础上成立。目前，在国家相关政策的引导下，部分高校进行了学分制的改造，为“学分银行”的基础建设做好了准备。如国家开放大学、广西大学对“学分银行”的探索，笔者所在的西南财经大学也承担了探索四川省“学分银行”建设模式的探索课题。学分银行支行是“学分银行”体系的基础，其主要职能为：根据其教学实践确定不同知识内容对应的自有学分标准，制定学分获取和认定办法，负责将学习者获得的学分导入支行进行存储，并按照学习者要求办理学分的兑换、转化等工作。第二层级为学分银行省（市）分行，由区域性政府部门支持建设，其主要职能为负责相关区域内“学分银行”的建设与发展，对区域内学分银行支行进行管理。第三层级为学分银行总行，由国家相关职能部门和教育部支持建设，其主要职能是负责学分银行整体发展规划的制定，执行国家对“学分银行”的政策，对“学分银行”分行及支行进行管理。

在“学分银行”的建设过程中，学分银行总行属政策性银行，侧重从宏观层面，从社会上层建筑适应生产力、生产关系发展，从社会人力资本投资、累积与管理层面对“学分银行”建设进行管理。学分银行支行则属商业性银行，侧重从微观的学习者个人的有效学习行为，人力资本的投资、累积等大量基础的工作，包括对学习结果的学分认定、学分的兑取、学分的互换等工作。而区域性学分银行分行的建设是“学分银行”建设的关键，原因在于，它既要推动本区域学分银行支行的发展，也要负责将本区域“学分银行”建设情况向上一级“学分银行”汇报，因此，区域性学分银行分行一般由区域性政府部门来支持和建设，才能够起到承上启下、宏观与微观协调发展的作用。

第三节　“学分银行”发展路径与机制

“从群众中来，到群众中去”是历史唯物主义的群众观点与辩证唯物主义认识论在实际工作中的具体运用，是中国共产党群众路线的领导方法和工作方法。

一、“学分银行”的发展路径

建设并发展有中国特色的“学分银行”，应遵循基层探索和顶层设计相结合的原则。首先，要根据我国目前的教育生态环境，由下而上探索如何建设和发展中国特色“学分银行”，这是认识客观事物的必然过程，通过探索与实践认识“学分银行”的本质与规律。其次，在清楚认识其本质与规律的基础上，主动顺应客观规律要求进行顶层设计，才能保证中国特色现代教育管理制度的跨越式发展。因此，我们建议建设和发展学分银行的具体路径为：省市政府及教育主管部门在区域内选择一所学分银行发展基础较好，具有一定代表性的高校进行学分银行支行建设试点，并以连锁加盟的方式，逐步推广到其他有条件的高校。在此基础上建立区域性质的学分银行分行，再由区域性质的学分银行分行总结、汇总其分行建设情况，向国家教育部提出建设意见。教育部在汇总各分行建设意见基础上成立学分银行总行，学分银行总行负责统筹管理各分行及支行，通过制定相关政策由上而下地对下级银行的建设和发展进行指导。

二、“学分银行”的机制建设

有助于我国教育制度的优化与完善的中国特色“学分银行”制度，符合终身教育理念，顺应了“互联网+”时代特征与要求，符合国家建设学习型社会的要求。但是，中国特色“学分银行”建设是一项宏大的社会工程，它不可能仅仅靠某个部门机构的努力、国家的教育投入而完成。必须建立相关的发展机制，通过持续不断的建设与发展，才能实现其任务目标。根据国内外“学分银行”探索和实践经验对其本质、规律的认知，主动顺应其客观规律要求，至少要从以下几个方面建立应有的机制：

(一) 面向社会的服务平台机制

顺应"互联网+"时代特征与要求，由社会第三方的互联网企业逐步建立基于大数据、云计算的"学分银行"大型网络服务性平台，实现并鼓励各部门、学校、考试机构将其学习、管理平台进行对接、沟通，将各自的人才培养方案、教学计划或者课程内容等教育资源在"学分银行"统一平台上及时发布，体现互联、互通、共享的互联网时代精神特征。而选择社会第三方的互联网企业建立"学分银行"平台，一是顺应社会化分工对专业化要求的客观规律，即专业的人干专业的事。二是基于对其服务的广泛性与高效性要求。由于其技术服务性质，使其自身服务广泛性的追求与"学分银行"服务广泛性追求一致，其技术的专业性是服务高效性的保证。三是社会第三方的选择，是"学分银行"保持市场化、社会化活力，避免形成垄断，导致故步自封的僵化，避免既是学分价值的贡献者又是学分价值的管理者这种类似于财务管理过程中出纳与会计集于一身的制度性错误。而在同一平台上通过市场化、社会化的比较作用，有利于促使教育水平与质量普遍提高，特定知识、技能内容的不同学分标准能够较为准确、客观、合理地趋向于学分价值本身。

要方便学习者根据自身个性化学习需要进行查询、检索，从社会层面对学习者追求优质教育资源给予尽可能的满足，保证学习者在不同时间、空间及形式下的有效学习行为和结果，能够方便地在"学分银行"平台上得到准确有效地记录，从技术方面对学习者的个性化学习、学习行为获得的价值、人力资本投资提供保障。这是技术服务平台。

在此基础上，学分银行总行要通过技术服务平台逐步建立面向全社会前台式政策服务平台，通过前台式政策服务平台的建设，实现与广大学习者的有效沟通，对个性化学习的政策支持，对下级“学分银行”工作进行监督与管理，为中国特色“学分银行”的建设不断积累经验。

（二）学分标准的“社会共筹”机制

无论是个人还是部门、学校、考试机构等，其范围、规模、数量等都是有限的，而学分标准具有社会性、无限性、动态性，因此，具体单位是不可能拿出一套合理完善的学分标准的，更不可能期望由某个机构、学校、部门等确定的单位制定出适应整个知识体系的学分标准。为此，我们必须寻求一种解决学分标准这个无限性问题的方法。

事实上，每一个学校、办学机构或考试机构，都制定了有关学习知识的标准，如人才培养方案、专业计划、教学计划、考试计划里都规定了学习或考试的内容，甚至直接规定了这些知识内容的学分。它们规定学分标准的方法应该是对学习者的平均有效学习时间进行价值抽象，从而得到学习者学习课程的学分。

但是，由于学校中学习者数量的有限性，他们的平均有效学习时间并不能代表全社会学习者学习某一课程的平均有效时间，因此，它们制定的学分标准具有局部性、有限性。另外，随着科学技术及人类社会的发展，我们学习的知识在不断地更新与调整，具有运动变化性。由于这些因素的原因，我们只能选择通过互联网较为方便地向社会各个单位“共筹”每一门课程或每一部分知识、技能的学分标准，将这些局部的、个别的同类知识的学分标准放在同一个平台上进行公开透明的市场化、社会化比较，形成具有社会性而非局部性的学分标准，并根据知识、技能的更新而不断更新。这种向社会的各个单位不断地“共筹”同类课程或知识、技能的学分标准，并通过对其社会化而形成动态的社会平均标准的机制就是制定学分标准的“共筹”机制，它符合学分的本质属性，是建设学分银行不可或缺的组成部分。

(三) 建立权责明晰的管理机制

不同层级的“学分银行”要根据其职责行使相应的权利并履行相应的义务。各学分银行支行要负责根据自身情况制定学分标准、学分获取及认定办法，将学习者的学习行为及结果存入“学分银行”，将问题和建议汇总反馈给分行。而分行要负责对汇总的问题和建议及时地进行分析和研究，然后报告给“学分银行”领导小组，在区域范围内制定相关的条例及指导意见，对支行进行指导。各分行要负责将自身遇到的问题和相应的建议反馈给学分银行总行，总行将汇总的问题和建议进行及时分析和研究后汇报给董事会，制定出相关的法律、法规对下级分行进行规范。权责明晰而有效的管理机制是

"学分银行"正常运转的保障。

（四）经费保障与市场利益机制

任何一项事业的发展都离不开经费的支持，"学分银行"建设作为一项长远的教育制度建设也不例外。相对于"学分银行"体系的三个层级而言，处于顶层的学分银行总行类似于中央银行，属于纯粹的政策性银行，承担裁判身份职能，不应参与市场运行，其建设、运行、管理等经费应以财政性投入为保障。

学分银行分行是第二层级，它既有一定的政策性，又有一定的商业性，故其经费保障应分为两部分：财政投入和自身运营获得的市场收入。为了保障其持续发展，要允许其充分参与市场，扩大其运营收入。

学分银行支行是第三层级，它是纯粹的商业银行，要建立市场利益机制，允许其通过学分认定、学分转换，学分兑取以及优质教育资源共享等商业性服务获取相应的收益，作为其发展经费的主要来源。此外，仍然要对其进行财政方面的支持和管理，一方面扶持其发展壮大，另一方面要对其发展道路进行规范。

第十章　中国特色“学分银行”制度的体验设想

本章以中国特色“学分银行”制度建设发展已经较为完善为前提，体验社会环境对作为学习者的“我”在个性化学习方面的几种假设需求进行满足的情形。

第一节　方便的“学分银行”开户与学习行为结果的储存

一、开放式实名注册制

在“学分银行”开户前的“我”可能的客观现实可以划分为两种情况：第一种情况是“我”在某个学习、考试组织里进行学习的过程中，而这个学习组织又是在“学分银行”体系内，这个学习组织统一将学习成员的信息导入“学分银行”管理系统进行开户，并将开户信息告诉“我”。“我”可以通过手机、电脑等登录“学分银行”主页，以身份证号为户名、其后 8 位数字为第一次登录密码，进入后可自行设置个性密码。登录成功后，首先要检查自我信息是否准确，对错误之处进行更改、确认。其次是对导入的学习结果进行自我核对，发现错误的地方要提交给“学分银行”管理系统，系统将根据“我”提交的内容与导入组织核实情况后将实际情况通知“我”并在系统内进行修正。“我”可以随时登录自己的账户查询自己的学习结果情况与获得学分情况。第二种情况是没有学习组织统一将“我”的信息导入“学分银行”管理系统进行开户。这种情形包括“我”参加了某一个学习组织的学习，但这个学习组织不在中国特色“学分银行”管理系统内而不能或者不愿将“我”的信息导入进行统一开户以及“我”没有参加任何学习组织而不可能进行统一开户的情况。在这种情况下，“我”可以通过手机、电脑等登录“学分银行”主页申请开户，以自己的身份证号为户名，设置自己的个性化密码，填写并提交个人信息，通过核对确认后实现个人的“学分银行”开户。也就是“学分银行”开户是在社会环境下对身份证信息唯一要求的开放式实名注册制。这是自主开放式实名注册制的“学分银行”开户体验。

二、学习行为结果的存储

在已在“学分银行”开户的情况下，“我”的学习行为结果的存储可以有两条路径。第一条路径是捷径，是由“我”参加的学习组织将“我”的学习行为结果直接导入“学分银行”存入到“我”的账户里，并通知“我”进行检查核对无误后进行确认。这种情形只有确认环节体验，无须赘述。第二条路径是主要路径，是完全由“我”自己将各种学习行为结果存入到自己的“学分银行”账户。而“我”的学习行为大体上可以分为两大类，即常规的学习行为或者叫做相对于社会的共性化学习行为以及创新性个性化学习行为。

（一）常规共性化学习行为结果存储

常规的共性化学习行为主要是指针对那些经过一定程度的社会化、标准化要求的应用型实用性知识、技能的学习行为。

“我”通过对社会已经有学习要求、标准的应用型实用性知识、技能的学习而获得了相应的学习结果。比如：“我”参加自学考试，其中一些课程合格，可以通过手机拍照将获得的课程单科合格证上传至“我”的“学分银行”账户里存储而自己保存原件；“我”通过学习取得了计算机、英语等级考试证书，“我”通过手机拍照将获得的等级证书上传至“我”的“学分银行”账户里存储而自己保存原件；“我”取得某一门 MOOCs 学习的证书或者参加一个学校的课程的学习，成绩合格，同样可以将 MOOCs 证书或学校的成绩证明上传至“我”的账户里存储而自己保存原件；甚至可以将“我”获得的驾照、技术等级证书等，凡是通过社会共性化学习要求而取得的学习结果，都可以通过手机对取得的学习结果拍照后，将这些社会要求的共性化学习结果上传到“我”的“学分银行”账户存储而自己保存原件。

（二）创新个性化学习行为结果存储

创新的个性化学习行为是指没有社会化或者是还没有形成社会化标准要求的创新性的、个性化的学习行为。

“我”因为好奇、兴趣、爱好或者工作需要等原因，查阅各种资料进行学习、思考、研究并写出关于某个问题的研究文章，在正规期刊发表论文，在出版社公开出版编、译、著图书，有技术创新、专利发明等。“我”将能够反映“我”在正规期刊发表论文的相关信息的期刊封面、目录、论文页面、作者等信息通过手机拍照上传至“我”的“学分银行”账户里存储而自己保存原件；“我”将自己在出版社公开出版编、译、著图书的封面、书号编码、出版社、作者等信息通过手机拍照上传至“我”的“学分银行”账户里存储而自己保存样书；“我”将自己的专利发明证书拍照上传至“我”的“学分银行”账户里存储而自己保存原件；“我”将自己技术创新、发明的“机器”的图片、说明文件等证明材料上传至“我”的“学分银行”账户里存储；“我”将自己参加各种技能比赛获得奖项的证书及相关说明、证明材料上传至“我”的“学分银行”账户里存储而自己保存相关原件。

所有这些“我”的常规共性化及创新个性化学习行为而取得的学习结果、学习劳动创造的学分价值，自己的人力资本投资累积，都能够自主、方便地像“我”在传统银行的 ATM 机上存钱一样，将其存入到“我”的“学分银行”账户里。这是自主开放式“学分银行”的学习行为结果存储的体验。

第二节　学分兑换目标查询与学习行为结果的对比

当“我”的“学分银行”账户里存储的学习行为结果即学分价值有一定的存量时，“我”将产生学分兑取的需求。这就像我们在银行里储存了一定的货币就会产生购买物品的需求一样，当这样的需求产生时，首先面临的问题是在银行里存储的钱相对于“我”要购买的物品目标是不是够用，这就要求“我”要统计清理自己的购买能力。在学分兑取的需求下 ，“我”要查询兑换目标的价格要求。例如：当“我”产生想获得会计本科的学历文凭时，“我”就通过“我”的“学分银行”账户进入“学分银行”社会服务平台，查询能够颁发会计本科的学历文凭的相关机构，结果出现许多学校和自学考试机构等单位。“我”分别进入这些单位的教学计划或者考试计划，了解其要求学习完成哪些课程和总学分数，其中的哪些专业主干课程是要求学分互认（必须学习的）的，哪些课程学分是可以转换（可以替代的）的。如我查询到 A 大学的会计本科教学计划总学分要求是 90 个学分，其中专业主干课程有：财务报表分析 4 个学分、管理会计 5 个学分、财务管理 4 个学分、审计学 4 个学分、资产评估 4 个学分，完成毕业论文 6 个学分，这 27 个学分是必修课程，只能学分互认而不能学分转换，这是兑换目标要求。

“我”希望兑换A大学的会计本科的学历文凭，清理“我”在“学分银行”账户里存储的学习行为结果情况为：参加自学考试管理会计、财务管理、审计学三门课程合格获得单科合格证，在考试计划里，分别对应5、4、4学分，小计13个学分；在B大学学习了10门课程，小计40个学分，通过英语、计算机等级考试，小计14个学分；在C大学学习了财务报表分析5个学分，在D期刊发表结合自身工作的研究文章一篇，在E出版社公开出版编写教材一本，取得汽车驾照C照。以上是“我”在“学分银行”账户存储的学习行为结果的情况。将清理结果与兑取目标A大学的会计本科的学历文凭教学计划进行对比，形成学分兑取目标与“我”在“学分银行”账户存储的学习行为结果对比表。如表10.1所示。

表10.1　我账户　A大学会计本科学分兑取目标与学习行为结果对比表

<table>
<tr><th colspan="2">兑取目标要求</th><th>学分</th><th>认定学分</th><th>个性化学习行为结果</th><th>对应学分</th></tr>
<tr><td rowspan="6">互认学分数27</td><td>财务报表分析</td><td>4</td><td></td><td>C大学财务报表分析</td><td>5</td></tr>
<tr><td>管理会计</td><td>5</td><td></td><td>管理会计</td><td>5</td></tr>
<tr><td>财务管理</td><td>4</td><td></td><td>财务管理</td><td>4</td></tr>
<tr><td>审计学</td><td>4</td><td></td><td>审计学</td><td>4</td></tr>
<tr><td>资产评估</td><td>4</td><td></td><td></td><td></td></tr>
<tr><td>毕业论文</td><td>6</td><td></td><td></td><td></td></tr>
</table>

表10.1(续)

兑取目标要求		学分	认定学分	个性化学习行为结果	对应学分
可转换学分63	课程	对应学分		B大学学习了10门课	40
	课程	对应学分		英语等级考试	8
	课程	对应学分		计算机等级考试	6
	课程	对应学分		D期刊发表文章一篇	
	课程	对应学分		E出版社出版教材一本	
	课程	对应学分		取得汽车驾照C照	
	课程	对应学分			
		小计63			
		合计90			

通过这个对比表，“我”发现在互认学分部分“我”还有资产评估课程、毕业论文共10个学分需要完成，已有的4门课程：财务报表分析5学分，参加自考的管理会计、财务管理、审计学三门课程的13个学分，A大学是否认可需要明确。可转换学分部分中的对应学分A大学认可程度，没有对应学分部分的发表文章、出版编写教材和汽车C照A大学能认可多少学分还不知道。这些问题都只有通过“学分银行”来解决。当然，我也可以选择查询到的B大学、C大学、D大学等的会计本科学历文凭，只是要按照其相应大学的要求进行学分目标对

比而已。

第三节 学分兑取要求的提出与认定

为了将“我”在“学分银行”账户里存储的学分兑取A大学的会计本科学历文凭的目标，必须达到A大学的目标要求，因此，“我”将A大学会计本科学分兑取目标与“我”的学习行为结果对比表通过“学分银行”社会服务平台上传方式，提出请求A大学进行学分认定的申请。“学分银行”根据“我”的申请，将“我”的学分存储情况资料进行审定，形成真实、规范的学分认定材料通报A大学，要求在限定期限内对“我”的学分进行认定并以学分认定报告形式明确回复“学分银行”相应部门。相关管理人员在一定期限内将学分认定报告发送至“我”的“学分银行”个人账户，告知“我”本人。上述A大学对“我”的学分认定结果见表10.2。

表 10.2　我账户　A 大学会计本科学分兑取目标与学习行为结果对比表

<table>
<tr><th colspan="2">兑取目标要求</th><th>学分</th><th>认定学分</th><th>个性化学习行为结果</th><th>对应学分</th></tr>
<tr><td rowspan="6">互认学分数27</td><td>财务报表分析</td><td>4</td><td>3</td><td>C 大学财务报表分析</td><td>5</td></tr>
<tr><td>管理会计</td><td>5</td><td>5</td><td>管理会计</td><td>5</td></tr>
<tr><td>财务管理</td><td>4</td><td>4</td><td>财务管理</td><td>4</td></tr>
<tr><td>审计学</td><td>4</td><td>4</td><td>审计学</td><td>4</td></tr>
<tr><td>资产评估</td><td>4</td><td></td><td></td><td></td></tr>
<tr><td>毕业论文</td><td>6</td><td></td><td></td><td></td></tr>
<tr><td rowspan="8">可转换学分63</td><td>课程</td><td>对应学分</td><td>35</td><td>B 大学学习了 10 门课</td><td>40</td></tr>
<tr><td>课程</td><td>对应学分</td><td>8</td><td>英语等级考试</td><td>8</td></tr>
<tr><td>课程</td><td>对应学分</td><td>6</td><td>计算机等级考试</td><td>6</td></tr>
<tr><td>课程</td><td>对应学分</td><td>4</td><td>D 期刊发表文章一篇</td><td>4</td></tr>
<tr><td>课程</td><td>对应学分</td><td>6</td><td>E 出版社出版教材一本</td><td>6</td></tr>
<tr><td>课程</td><td>对应学分</td><td>3</td><td>取得汽车驾照 C 照</td><td>3</td></tr>
<tr><td>课程</td><td>对应学分</td><td></td><td></td><td></td></tr>
<tr><td></td><td>小计63</td><td></td><td></td><td></td></tr>
<tr><td></td><td></td><td>合计90</td><td></td><td></td><td></td></tr>
</table>

有了上述 A 大学对“我”的学分认定的结果，便明确了“我”在“学分银行”里存储学分的情况是：对 A 大学会计本科学分兑取目标的互认学分部分，我已经取

得了16个学分，相对于27个学分的要求，我还差资产评估的4个学分、毕业论文的6个学分以及财务报表分析的1个学分，合计11个学分。对可转换学分部分，我已经取得了62个学分，相对于63个学分的要求，我还差1个学分。互认学分与可转换学分两个部分合计还差12个学分。针对“我”还差的12个学分，“我”向“学分银行”相应部门提出咨询：怎么才能获得还差的这12个学分。经“学分银行”相关部门与A大学沟通，回复“我”参加A大学的资产评估、毕业论文和会计制度设计可获得相应的4个学分、6个学分和2个学分。“我”参加了A大学的资产评估、会计制度设计和毕业论文答辩，经过一段时间的努力，获得了相应的12个学分并将其存入“我”的“学分银行”账户。

第四节　兑取的实现与社会认可

通过对学分账户的清理，与A大学的会计本科学历文凭目标进行比对，“我”明确了任务，“我”继续努力，获得了A大学要求的学分。这时“我”将“学分银行”账户的学分存储结果与A大学的目标要求进行对比，情况如表10.3所示。

表 10.3　我账户　A 大学会计本科学分兑取目标与学习行为结果对比表

<table>
<tr><th colspan="2">兑取目标要求</th><th>学分</th><th>认定学分</th><th>个性化学习行为结果</th><th>对应学分</th></tr>
<tr><td rowspan="7">互认学分数27</td><td>财务报表分析</td><td>4</td><td>3</td><td>C 大学财务报表分析</td><td>5</td></tr>
<tr><td>管理会计</td><td>5</td><td>5</td><td>管理会计</td><td>5</td></tr>
<tr><td>财务管理</td><td>4</td><td>4</td><td>财务管理</td><td>4</td></tr>
<tr><td>审计学</td><td>4</td><td>4</td><td>审计学</td><td>4</td></tr>
<tr><td>资产评估</td><td>4</td><td>4</td><td>资产评估</td><td>4</td></tr>
<tr><td>毕业论文</td><td>6</td><td>6</td><td>毕业论文答辩</td><td>6</td></tr>
<tr><td>会计制度设计</td><td>2</td><td>2</td><td>会计制度设计</td><td>2</td></tr>
<tr><td rowspan="8">可转换学分63</td><td>课程</td><td>对应学分</td><td>35</td><td>B 大学学习了 10 门课</td><td>40</td></tr>
<tr><td>课程</td><td>对应学分</td><td>8</td><td>英语等级考试</td><td>8</td></tr>
<tr><td>课程</td><td>对应学分</td><td>6</td><td>计算机等级考试</td><td>6</td></tr>
<tr><td>课程</td><td>对应学分</td><td>4</td><td>D 期刊发表文章一篇</td><td>4</td></tr>
<tr><td>课程</td><td>对应学分</td><td>6</td><td>E 出版社出版教材一本</td><td>6</td></tr>
<tr><td>课程</td><td>对应学分</td><td>3</td><td>取得汽车驾照 C 照</td><td>3</td></tr>
<tr><td>课程</td><td>对应学分</td><td></td><td></td><td></td></tr>
<tr><td></td><td>小计63</td><td></td><td></td><td></td></tr>
<tr><td></td><td></td><td>合计90</td><td>合计90</td><td></td><td></td></tr>
</table>

这时，“我”的“学分银行”账户存储的学分情况达到了 A 大学会计本科学历文凭的目标要求：互认学分 27，

可转换学分63，总学分90。在此基础上，“我”通过“学分银行”服务平台上传“A大学会计本科学分兑取目标与学习行为结果对比表”并提出兑换A大学会计本科学历文凭目标。经过审查，A大学给“我”颁发了会计本科学历文凭和毕业证书，“我”的“学分银行”账户的学习行为结果的存储、通过学分累积和学分的兑取，得到了社会的认可。

这是作为学习者的“我”，对“学分银行”满足个性化学习需求的期望式体验。

参考文献

[1] 王楠. 欧洲学分转换系统及其对我国学分制的启示 [J]. 当代教育科学，2010（3）：44-46.

[2] 杜社玲. 学分银行：欧洲 ECVET 系统的启示 [J]. 成才与就业，2010（5）：50-51.

[3] 李传宝. 美、日、韩终身教育发展的经验及对我国的启示 [J]. 继续教育研究，2006（5）：33-35.

[4] 孙冬喆，吴遵民，赵华. 学分银行建设的国际比较与评析 [J]. 继续教育，2013（9）：40-57.

[5] 胡新生，武剑，笪薇，陈春，李丽. 国外学分互认制度对我国中高职与开放教育衔接的启示 [J]. 天津大学学报，2014（3）：68-71.

[6] 李玉芳. 美国终身教育基本经验及启示 [J]. 湖北大学成人教育学院学报，2005（5）：36-38.

[7] 殷明. 从美国经验看我国继续教育的发展取向 [J]. 继续教育研究，2008（2）：1-3.

[8] 孔令军. 韩国学分银行建设及其对我国的启示 [J]. 中国医学教育技术，2013（5）：498-502.

[9] 杨黎明. 从韩国的学分累计制度看我国学分银行的构建 [J]. 职教论坛，2008（5）：61–64.

[10] 欧斯玛尼·张. 澳大利亚职业资格框架探析及启示 [J]. 天津商务职业学院学报，2014（1）：67–70.

[11] 李惠康. 上海市终身教育学分银行的构建 [J]. 开放教育研究，2012（1）：46–48.

[12] 张德明. 上海建设学分银行的基本构想和战略思考 [J]. 开放教育研究，2012（1）：52–55.

[13] 韦雄沣. 广西继续教育学分银行构建研究 [D]. 南宁：广西大学，2013.

[14] 杨黎明. 关于创建上海市“学分银行”的理论与实践研究 [J]. 职教论坛，2009（3）：4–9.

[15] 杨黎明. 关于构建我国学分银行的理论与实践研究 [R]. 上海教育科学研究院，2009.

[16] 刘诗白. 政治经济学 [M]. 成都：西南财经大学出版社，2013.

[17] 鲍哈斯. 劳动经济学 [M]. 3 版. 夏业良，译. 北京：中国人民大学出版社，2010.

[18] 米什金. 货币金融学 [M]. 郑艳文，译. 北京：中国人民大学出版社，2006.

[19] 张尧学. 大木仓的记忆 [M]. 北京：高等教育出版社，2009.

[20] 胡敏，邓毅. 学分互认制度下学分质量保证机制探析 [J]. 中国成人教育，2016（7）.

[21] 刘靖，耿成义. 功能转换与个人发展：德国工

业革命背景下职业教育的一项考察［J］. 中国成人教育，2015（10）.

［22］邵民智. 国民教育与终身教育体系融合发展研究——以上海市中心城区终身教育体系构建发展研究为例［J］. 中国成人教育，2015（16）.

［23］丁远. 远程教育与国民教育其他序列学分互认研究［J］. 中国成人教育，2015（20）.

［24］李新. 基于公共服务体系的网络教育学分互认的研究与实践［D］. 北京：北京交通大学，2008.

［25］汪淳，康小燕. 现代远程教育理工科课程互选及学分互认标准研究初探［J］. 化工高等教育，2014（4）：100-109.

［26］范新民，曾海军. 基于公共服务体系的网络教育课程互选学分互认的研究［J］. 中国远程教育，2007（9）：49-51.

［27］包华影，黄文峰，夏澜. 全国教师教育网络联盟网络学历教育课程互选和学分互认机制研究与实践［J］. 中国远程教育，2015（8）：69-73.

［28］武丽志，张妙华. 广州大学城高校课程互选、学分互认的研究与实践——基于校际网络课程教学的视角［J］. 远程教育杂志，2013（6）：81-87.

［29］杨晨，顾凤佳. 国外学分互认与转移的探索及启示［J］. 现代远距离教育，2011（4）：9-14.

［30］冉利龙，胡海斌. 远程教育课程共享、学分互认的探索与实践［J］. 中国教育信息化·高教职教，2016（3）.

[31] 曾多运. 高校网络教育转学和学分互认制度的思考与对策 [J]. 中国远程教育，2012 (1)：46-47.

[32] 彭丽茹. 学分互认制度的国外实践探析 [J]. 广州广播电视大学学报，2013 (6)：45-48.

[33] 唐令辉. 广西高等学校学分互认机制的研究 [D]. 南宁：广西大学，2011.

[34] 张相锋. 英国高校实施学分累计与互认制度研究 [D]. 上海：华东师范大学，2007.

[35] 张艳茹，万秀兰. 东非高等教育区域一体化背景下的学分互认制度 [J]. 浙江树人大学学报：人文社会科学版，2013 (5)：95-100.

[36] 王宏，魏奇，杨敏. 基于政策分析的视角：欧洲学分互认与累积体系对我国学分银行制度建设的启示 [J]. 现代远距离教育，2012 (3)：38-43.

[37] 琚超. 成人高等教育学分制与学分互认制度研究 [D]. 西安：陕西师范大学，2011.

[38] 黄智鸿，韩福生，刘丕峰. 学分制下教学质量保障机制探析 [J]. 河北北方学院学报：社会科学版，2010 (6)：90-92.

[39] 刘风芹，孙华平，宋艳. 国际化背景下跨国修读学分互认机制及管理对策 [J]. 教育与教学研究，2016 (4)：13-18.

[40] 曾凤杰. 英国成人教育学分互认机制研究 [D]. 郑州：河南大学，2012.

[41] 王孝哲. 历史唯物主义新论 [M]. 合肥：合肥

工业大学出版社，2011.

[42] 恩格斯. 反杜林论 [M] //马克思恩格斯选集：第3卷. 北京：人民出版社，1995：83.

[43] 李秀林. 辩证唯物主义和历史唯物主义原理 [M]. 北京：中国人民大学出版社，2004.

[44] 马克思恩格斯全集：第23卷 [M]. 北京：人民出版社，1972：665.

[45] 马克思恩格斯全集：第23卷 [M]. 北京：人民出版社，1972：53.

[46] 马克思. 政治经济学批判大纲：第3分册 [M]. 北京：人民出版社，1963：350.

[47] 马克思恩格斯全集：第23卷 [M]. 北京：人民出版社，1972：664.

[48] 亚当·斯密. 国富论 [M]. 王亚南，郭大力，译. 北京：商务印书馆，1972：251-258.

[49] 赵芳. 终身教育是时代发展的必然 [J]. 科教文汇（旬刊），2013（10）.